공부가 되는
파브르 곤충기

〈공부가 되는〉 시리즈 ❹❸
공부가 되는 파브르 곤충기

초판 1쇄 발행 2012년 12월 25일
초판 6쇄 발행 2019년 9월 25일

지은이 장 앙리 파브르
엮은이 글공작소

책임편집 유명화
책임디자인 황혜정

펴낸이 이상순 **주간** 서인찬 **편집장** 박윤주 **제작이사** 이상광
기획편집 박월, 최은정, 이주미, 이세원 **디자인** 유영준, 이민정
마케팅홍보 이병구, 신희용, 김경민 **경영지원** 고은정

펴낸곳 (주)도서출판 아름다운사람들
주소 (10881) 경기도 파주시 회동길 103
대표전화 (031)8074-0082 **팩스** (031)955-1083
이메일 books777@naver.com
홈페이지 www.books114.net

ⓒ2012, 글공작소
ISBN 978-89-6513-167-0(13800)

파본은 구입하신 서점에서 교환해 드립니다.
이 책은 저작권법에 의하여 보호를 받는 저작물이므로 무단 전재와 복제를 금합니다.

공부가 되는
파브르 곤충기

원작 장 앙리 파브르 | **엮음** 글공작소 | **추천** 정명순(대송초등학교 교사)

아름다운사람들

공부가 되는 파브르 곤충기

01 탁월한 사냥꾼 노래기벌

내 삶을 바꿔 놓은 레옹 뒤프레의 논문 … 10
곤충이란? | 장 앙리 파브르
레옹 뒤프레의 진노래기벌 연구 … 14
노래기벌이란? | 곤충의 구조 | 곤충 채집과 표본 만들기
혹노래기벌의 끈기 … 26
곤충의 짝짓기
혹노래기벌과 바구미 … 34
천적이란? | 해충이란?
타고난 과학자, 노래기벌 … 45
파브르의 『곤충기』 | 박물학과 박물지 | 곤충의 더듬이

02 들판의 청소부 쇠똥구리

쇠똥구리의 똥 경단 만들기 … 58
쇠똥구리란? | 시시포스 신화
도둑질의 명수, 쇠똥구리 … 68
곤충의 분류 | 동물 문학
쇠똥구리의 즐거운 식사 … 80
배 모양의 똥 경단 … 83
곤충의 알 낳기
똥 경단 속의 알을 찾아 … 90
어니스트 시턴의 『동물기』 | 곤충의 입
예술가 쇠똥구리 … 98
집 수리공 애벌레 … 102
발데마르 본젤스의 『꿀벌 마야의 모험』 | 곤충의 눈

쇠똥구리의 비밀 … 111
찰스 다윈의 진화론
어른 쇠똥구리가 되기까지 … 115
곤충의 탈바꿈 | 고대 이집트의 쇠똥구리

03 숲 속의 가수 매미

매미가 노래를 부르는 이유 … 124
르네 레오뮈르 | 매미란? | 곤충의 귀
매미와 개미 … 132
터널을 뚫고 밖으로, 밖으로 … 136
곤충의 기원과 진화
매미 애벌레로 만드는 요리 … 146
매미가 된 티토노스 | 보호색이란?
산란과 알의 부화 … 151
우리나라의 곤충학자

04 숲 속의 사냥꾼 사마귀

무시무시한 사마귀 … 164
사마귀란?
싸움 대장 사마귀 … 170
당랑거철과 사마귀
친구를 잡아먹는 사마귀 … 176
사마귀의 알 … 180

아이들이 『공부가 되는 파브르 곤충기』를 읽으면 좋은 이유

1 100년 넘게 사랑 받아 온 고전 필독서입니다

우리에게 『파브르 곤충기』로 널리 알려진 『곤충기』는 파브르가 1879년부터 1907년까지 30년 가까이 곤충을 관찰한 기록을 한데 모은 것으로, 여기에는 남프랑스에 사는 곤충들의 습성과 생태에 대한 관찰 내용이 세밀하게 쓰여 있습니다. 이 책에서는 파브르가 오랜 시간 동안 관찰하고 연구하면서 기록한 곤충들의 생활과 특성을 쉽고 재미있는 문장으로 재구성하여 실었습니다. 아마도 호기심 많은 아이들에게 곤충들의 신비로운 세계를 알려줄 것입니다. 그렇기에 『파브르 곤충기』는 상상력을 키워나가는 우리 아이들에게 꼭 읽혀야할 필독서라고 할 수 있습니다.

2 자연에 대한 호기심을 자극합니다

애벌레에게 신선한 먹이를 주기 위해 벌레를 죽이지 않고 마취시켜 보관하는 '혹노래기벌', 집에 구멍이 생기면 바로 막아 수분이 날아가는 것을 방지하는 뛰어난 집수리공 '쇠똥구리', 대포 소리도 듣지 못할 정도로 귀가 어둡지만 열심히 노래하는 숲 속의 가수 '매미', 짝짓기가 끝난 후 영양을 섭취하기 위해 수컷 사마귀를 잡아먹는 '암컷 사마귀' 등 이 책에는 이름만으로도 우리 아이들의 호기심을 불러일으키는 곤충에 대한 흥미진진한 이야기가 실려 있습니다.

3 호기심은 상상력과 창의력의 출발점입니다

프랑스의 곤충학자인 파브르는 어렸을 적 가난 때문에 시골 할아버지 댁에서 지내면서 자연스럽게 다양한 종류의 곤충들을 접하면서 자라났습니다.
그 덕분에 곤충들에 대한 호기심을 한껏 키울 수 있었습니다. 모든 인류의 발전은 호기심으로부터 시작된다고 해도 과언이 아닙니다. 호기심이 왕성한 우리 아이들에게 『공부가 되는 파브르 곤충기』는 사고력과 창의력을 동시에 키워줄 수 있을 것으로 기대합니다. 또한 어릴 적부터 호기심을 가지고 곤충에 대한 끊임없는 열정으로 연구를 포기하지 않은 파브르의 생애를 통해서도 끈기와 도전 정신을 배울 수 있을 것입니다.

4 공부의 즐거움을 깨치는 『공부가 되는 파브르 곤충기』

〈공부가 되는〉 시리즈는 공부라면 지겹게만 여기는 우리 아이들에게 공부의 즐거움을 깨쳐 주면서 아울러 궁금한 것이 많은 우리 아이들의 지적 호기심을 동시에 해결해 주는 시리즈입니다. 공부의 맛과 재미는 탄탄한 기초 교양의 주춧돌 위에 세워질 때 그 효과가 배가됩니다. 그리고 그 기초 교양은 우리 아이들이 학습에서 자기 주도적 능력을 이끌어 내는데 큰 밑거름이 됩니다. 『공부가 되는 파브르 곤충기』는 그 어떤 책보다도 파브르의 눈을 통한 곤충의 세계를 흥미롭게 다룸으로써, 곤충에 대한 호기심과 관찰력을 키울 수 있도록 만들었습니다. 부디 우리 아이들이 이 책을 통하여 곤충에 대한 흥미와 탐구 정신을 한껏 높일 수 있기를 바랍니다.

탁월한 사냥꾼 노래기벌

내 삶을 바꿔 놓은 레옹 뒤프레의 논문

1854년의 몹시 추운 겨울날이었습니다. 그날 밤, 나는 내 평생 잊을 수 없는 책과 만나게 되었습니다. 그것은 바로 유명한 곤충학자인 레옹 뒤프레가 쓴 연구 논문입니다.

그 시절 나는 중학교에서 물리를 가르치고 있었습니다. 대학에서 학사 자격증을 여럿 땄고, 오랜 세월 일하여 학교에서는 능력을 인정받았습니다. 그렇지만 당시 교사의 월급은 부잣집의 마부보다도 훨씬 적었습니다. 나는 가난한 생활의 고달픔을 잊기 위해 밤마다 책을 읽었습니다.

그날 밤 역시 마찬가지였습니다. 가족들이 모두 잠든 늦은 시각, 나는 불기가 남아 있는 난로 옆에 앉아 책을 읽었습니다. 레옹 뒤프레가 노래기벌을 연구하여 쓴 바로 그 논문

생태
생물이 살아가는 모양 혹은 상태.

입니다. 읽는 순간, 나는 큰 충격을 받았습니다. 그리고 깨달았습니다. 내가 정말 하고 싶었던 것이 바로 이런 곤충 연구였다는 걸 말입니다.

그때까지의 곤충 연구는 곤충을 채집하여 표본을 만든 다음 이름을 붙여 종류별로 나누는 정도에 불과했습니다. 물론 이것도 아주 중요한 연구입니다. 이름을 제대로 붙여 두지 않으면 나중에 다른 것을 연구할 때 혼란스러워질 수 있기 때문입니다.

그런데 뒤프레의 논문은 달랐습니다. 그 안에는 살아 있는 곤충의 생활이 고스란히 담겨 있었습니다. 또한 자연에서 살아가는 곤충을 조사하는 '생태 연구'라는 분야가 있다는 것도 처음 알게 되었습니다. 논문의 내용이 어찌나 훌륭하던지, 나는

곤충이란?

곤충은 지구상의 동물 중 4분의 3을 차지할 만큼 그 수와 종류가 매우 다양한 동물이에요. 풍뎅이나 딱정벌레, 새우처럼 몸의 바깥 부분이 단단한 껍질로 둘러싸인 동물을 '절지동물'이라고 불러요. 또 몸이 머리, 가슴, 배 세 부분으로 나누어지고, 머리에는 한 쌍의 더듬이와 겹눈, 가슴에는 두 쌍의 날개와 세 쌍의 다리가 있는 것을 '곤충강'이라고 불러요. 곤충은 바로 절지동물 곤충강에 속하는 동물로, 흔히 '벌레'라고 부르기도 해요. 대표적인 곤충으로는 나비, 나방, 벌, 잠자리, 매미, 거미 등이 있어요. 오늘날 기록되어 알려진 곤충은 약 80만 종이며, 우리가 모르는 곤충의 종류까지 합하면 약 300만 종이 지구상에 살고 있을 거라고 해요.

나비목에 속하는 호랑나비(위)와
딱정벌레목에 속하는 무당벌레(아래)

딱정벌레
몸이 납작하고 대체로 딱딱한 날개로 덮여 있으며, 다리가 길고 턱이 앞으로 길게 뻗어 있는 딱정벌렛과 곤충을 일컫는 말.

산호랑나비
몸과 날개가 노란색이며, 검은 줄무늬가 있는 호랑나빗과의 곤충.

깊이 감동받을 수밖에 없었습니다.

사실, 나는 아주 어렸을 때부터 곤충을 좋아했습니다. 딱정벌레의 딱딱한 날개나 산호랑나비의 아름다운 빛깔은 내게 즐거움과 설렘을 가져다주었습니다. 그런 곤충의 신비롭고 황홀한 모습을 하염없이 바라볼 때면 어린 내 가슴 깊은 곳에서는 어느덧 곤충에 대한 열정이 조금씩 싹텄습니다.

뒤프레의 책이 나의 그 열정을 찾아 불씨를 지펴 주었습니다. 이 책은 내가 곤충 연구를 시작하게 된 중요한 계기가 된 셈입니다.

나는 뒤프레의 책을 읽고 또 읽으면서 본격적인 곤충 연구를 시작하였습니다. 뒤프레의 논문을 바탕으로 더 깊이 조사하고 관찰하여 논문도 발표했습니다. 내 생애 처음으로 발표하는 곤충학 관련 논문이었습니다. 이 논문으로 나는 프랑스 아카데미에서 주는 실험 생리학상을 받았습니다.

이때 그 무엇보다 기뻤던 것은 뒤프레의 편지를 받은 것입니다. 프랑스 랑드 지방에 머무르고 있었던 그는 내 논문을 흥미롭게 읽었다면서, 앞으로도 계속 노력하여 좋은 곤충학자의 길을 걸어가기 바란다는 메시지를 보내왔습니다. 그의 응원은 내 마음을 벅차게 하였습니다.

이제, 내 연구의 출발점이 되었던 뒤프레의 책을 소개하려고 합니다. 그의 논문을 읽고 나면 내가 곤충을 연구하게 된 배경을 훨씬 잘 이해할 수 있을 것입니다.

장 앙리 파브르

프랑스의 곤충학자이자 박물학자인 장 앙리 파브르는 1823년에 남프랑스의 가난한 농사꾼의 아들로 태어났어요. 그는 어린 시절부터 공부보다 집안일을 더 많이 했어요. 1839년, 사범 학교에 들어가 2년 만에 졸업하여 열아홉 살에 교사가 되었어요. 교사가 된 후에도 줄곧 공부하여 수학과 물리학, 박물학 분야의 학사 학위를 받았어요. 1854년, 파브르는 레옹 뒤프레의 책을 읽고 곤충 연구에 일생을 바치기로 결심하고, 이듬해 『노래기벌』이라는 논문을 발표하여 널리 인정받았어요. 그는 1879년부터 1907년까지 곤충기를 쓰는 데 몰두하였고, 1915년에 세상을 떠났어요.

실험 생리학
생물학의 한 분야로, 생물의 기능과 활동의 원리를 실험을 통해 연구하는 학문.

랑드
프랑스 남서부에 있는 도시로, 삼림이 우거진 지역으로 유명하다.

레옹 뒤프레의
진노래기벌 연구

비단벌레
몸길이가 3~4센티미터로 길쭉하고 몸에 광택이 나는 비단벌렛과의 곤충을 일컫는 말. 날개 윗부분과 앞가슴에 자줏빛 띠가 두 줄 있다.

등에
몸이 누런 갈색이고 온몸에 털이 많으며, 주둥이가 바늘 모양으로 뾰족한 등에류 곤충을 일컫는 말.

    1839년 7월, 시골에 사는 친구가 나에게 비단벌레 두 마리를 보내 주었습니다. 등에처럼 생긴 벌이 날아다니다가 이 비단벌레를 떨어뜨리고 갔다고 했습니다. 이 비단벌레는 초록색이 도는 몸에 붉은 줄무늬가 어우러져 매우 아름다운 것으로, 내 표본 상자에는 없는 아주 희귀한 것이었습니다.

    그로부터 1년 뒤인 1840년 7월, 나는 그 친구의 집을 방문하게 되었습니다. 친구의 가족 중 한 명이 갑작스럽게 병에 걸렸다는 소식을 들었기 때문입니다. 의사였던 나는 환자를 진찰하기 위해 바삐 길을 떠났습니다.

    그러다 문득, 작년에 친구가 보내 주었던 비단벌레를 떠올렸습니다. 그때와 계절, 장소가 같으니 어쩌면 살아 있는 비단벌레를 직접 눈으로 볼 수도 있겠다는 생각이 들었습니다.

검은색 몸에 등 쪽에 줄무늬가 있는 땅벌

진찰을 마친 나는 정원으로 나가 비단벌레를 찾기 시작했습니다. 그러나 날이 흐리고 선선하여 벌이 날아다니기에 좋지 않은 날씨여서인지 벌은 좀처럼 눈에 띄지 않았습니다. 결국, 나는 벌집을 찾아보기로 했습니다.

비단벌레를 떨어뜨리고 간 벌은 아마 **땅벌**의 한 종류일 것입니다. 땅벌은 땅에 구멍을 파서 집을 만듭니다. 나는 정원 이곳저곳을 살피다가 흙이 소복이 쌓여 있는 곳을 발견했습니다. 흙을 걷어 내자 깊숙한 구멍이 하나 나왔습니다. 비단벌레를 잡았다던 바로 그 벌집이 분명했습니다. 삽으로 구멍을 파자 흙 속에서 비단벌레의 고운 날개 조각이 반짝거렸습니다. 조금 더 파내려 가자 온전한 형태의 비단벌레가 나왔습니다. 금빛과 에메랄드빛으로 아름답게 반짝이는 비단벌레가 무려 서너 마리나 있었습니다. 내 마음은 기쁨으로 벅차올랐습니다. 그때 흙 속에서 벌 한 마리가 나타났습니다. 바로 비단벌레를 사냥해서 이곳까지 끌고 온 진노

땅벌
몸이 검은색이고, 등 쪽에 얼룩무늬와 줄무늬가 있는 말벌과의 벌을 일컫는 말. 주로 땅속에 집을 짓고 산다.

꿀을 채취하는 노래기벌

래기벌이었습니다.

진노래기벌은 사냥 벌의 일종입니다. 사냥 벌은 무리를 짓지 않고 혼자 생활하며, 사냥한 벌레들은 집에 모아 두었다가 애벌레의 먹이로 줍니다. 진노래기벌은 꽃의 꿀만 먹고 삽니다. 그런데 비단벌레를 잡아와 저장해 두었다는 것은 분명 애벌레에게 먹이를 주기 위해서일 것입니다.

나는 호화로운 먹이를 먹는 애벌레의 모습을 보고 싶었습니다. 그래서 또 다른 구멍을 조심스럽게 파 보았습니다. 역시 나의 예상대로 진노래기벌의 애벌레를 발견할 수 있었습니다. 나는 한 시간도 채 걸리지 않아 진노래기벌의 집을 세 군데나 발견했습니다. 그리고 벌집을 파헤쳐 15마리의 비단벌레와 부서진 비단벌레 조각을 찾아냈습니다. 이 조각으로 미루어 보건대 아마 이곳에는 25마리 정도의 비단벌레가 있었을 것입니다.

벌집 하나에 이렇게 많은 비단벌레가 있다니 정말 놀라웠습니다. 만약 이 정원에 있는 진노래기벌의 집을 모두 파헤쳐 본다면 도대체 얼마나 많은 비단벌레가 나올까요? 나는 상상조차 할 수 없었습니다.

진노래기벌은 어떻게 이 벌집을 만드는 것일까요? 진노래기벌이 집 짓는 모습을 살펴보면 이들이 얼마나 현명한 곤충인지 알 수 있습니다.

노래기벌이란?

노래기벌은 곤충강 벌목 구멍벌과에 속하는 동물이에요. 몸길이는 약 12~14밀리미터이며, 우리나라와 일본, 중국, 유럽 등지에 분포하고 있어요. 노래기벌의 몸은 검은색으로, 온몸에 점 같은 무늬가 촘촘히 박혀 있어요. 몸과 머리, 다리에는 회갈색의 털과 노란색의 얼룩무늬가 있는 것이 특징이에요. 벌은 우리가 흔히 아는 꽃가루와 꽃꿀을 먹는 벌 외에도 식물을 먹는 벌, 다른 곤충을 사냥하여 먹는 벌 등이 있어요. 그중 진노래기벌은 대표적인 사냥 벌로, 애벌레 시기에는 다른 곤충을 먹고 자라요.

> ### 곤충의 구조
>
> 곤충의 몸은 머리와 가슴, 배 세 부분으로 이루어져 있어요. 또한 두 개씩 세 쌍의 다리, 즉 여섯 개의 다리와 두 쌍의 날개를 가지고 있어요. 곤충의 머리에는 입과 눈, 더듬이가 있고, 곤충에 따라 조금씩 모양이 달라요. 메뚜기처럼 풀을 먹는 곤충의 머리는 긴 네모꼴이며, 사마귀 같은 육식성 곤충은 역삼각형, 바퀴벌레 같은 잡식성 곤충은 네모와 역삼각형의 중간 형태예요. 곤충의 가슴은 세 개의 마디로 나뉘어 있고, 가슴에 다리와 날개가 달려 있어요. 배에는 심장과 소화 기관, 생식 기관이 있고, 배 양쪽으로 나란히 뚫린 '기문'이라 부르는 숨구멍이 있어요.

진노래기벌은 건조하고 양지바른 곳 중 사람이 밟고 다녀서 단단해진 땅 위를 골라 집을 짓습니다. 부드러운 땅은 집을 짓기는 쉽지만, 조금만 비가 내려도 금세 무너져 버리기 때문입니다.

진노래기벌의 턱과 앞다리는 땅을 파는 데 아주 유용한 도구입니다. 앞다리의 끝에는 단단한 곡괭이 같은 가시가 달려 있어 흙을 긁어내는 갈퀴 역할을 합니다.

벌집의 길이는 약 30~40센티미터입니다. 진노래기벌은 처음에는 길을 곧게 파 내려가다가 중간 즈음 90도로 크게 방향을 꺾어 내려갑니다. 바람이 불면 흙 때문에 구멍이 쉽게 메워지는데, 이를 막기 위해서입니다. 벌은 구멍을 파 들어가면서 흙덩어리를 바깥으로 내보냅니다. 그러면 흙더미는 구멍 입구에 봉긋하게 쌓입니다.

구멍의 입구는 벌의 몸보다 조금 더 크게 짓습니다. 그래야 제 몸보다 더 큰 먹이도 무리 없이 옮겨 놓을 수 있기 때문입니다. 비단벌레를 한번도 잡아 본 적 없는 진노래기벌도 제 몸보다 집의 입구를 크게 지어야 한다는 사실을 알고 있습니다. 정말 신비로운 일입니다.

땅속 집에서 나오고 있는 노래기벌

구멍을 판 진노래기벌은 통로의 맨 밑바닥에 애벌레의 방을 만듭니다. 방은 5개 정도 되며, 크기나 모양새가 꼭 올리브 열매 같습니다. 어미는 각각의 방에 비단벌레를 넣은 뒤 옆에 알을 낳습니다. 그리고 흙으로 방의 입구를 막아 다른 벌레가 들어오지 못하게 합니다.

깨어난 애벌레는 어미가 미리 방 안에 놓아둔 비단벌레를 먹고 자랍니다. 보통 진노래기벌 애벌레 한 마리는 비단벌레 세 마리를 먹어 치웁니다.

나, 레옹 뒤프레가 이 지방에서 곤충을 연구한 지도 어언 30년입니다. 그동안 바깥에서 비단벌레를 본 적은 없었습니다. 20년 전에 딱 한 번, 오래된 떡갈나무 속에서 비단벌레를 발견했던 것을 제외하면 말입니다. 그 덕분에 나는 두 가지 사실을 알아낼 수 있었습니다. 하나는 비단벌레의 애벌레가 떡갈나무 속에서 산다는 것, 나머지 하나는 떡갈나무가 많은 지역에는 비단벌레 역시 많다는 것입니다.

진노래기벌은 어디에 살까요? 이 벌은 주로 소나무가 우거진 바닷가의 모래벌판에 살고 있습니다. 과연 그곳의 진노래기벌도 비단벌레를 잡아먹을까요?

나는 그 사실을 알기 위해 모래벌판으로 향했습니다. 다행히 모래벌판에서 진노래기벌의 구멍을 쉽게 찾을 수 있었습니다. 나는 약 20개의 구멍을 파헤쳐 조사해 보았습니다. 구멍 안에 지푸라기를 넣은 뒤 그 주위를 약 40센티미터 정도로 깊게 팠습니다. 그리고 파낸 흙을 덩어리째 들어 올렸습니다. 진노래기벌의 벌집이 땅속 깊은 곳에 있기 때문에 아주 조심조심 파야만 했습니다. 삽을 마구 휘두르다가는 벌집을 부수어 버릴 수도 있습니다. 이 작업은 정말 힘들었습니다. 어느새 내 이마는 땀범벅이 되었습니다.

나는 파낸 흙더미를 조심스럽게 부수었습니다. 그러자 안에서 비단벌레가 나타났습니다. 반짝거리는 비단벌레가 하나둘 모습을 드러낼 때마다 내 입에서는 기쁨의 노래가 절로 흘러나왔습니다.

이렇게 얻은 비단벌레는 400마리가 훨씬 넘었습니다. 처음에는 비단벌레의 아름다움에 감탄

초록빛 날개가 아름다운 딱정벌레목의 비단벌레

했지만, 시간이 지나자 진노래기벌이 대단하다는 생각이 들었습니다. 이렇게 많은 비단벌레를 잡을 수 있다니요. 게다가 잡아 놓은 것 중에 비단벌레가 아닌 것은 한 마리도 없었습니다.

비단벌레는 종류에 따라 생김새가 꽤 다릅니다. 크기와 빛깔, 모양이 천차만별이라 언뜻 보면 비단벌레인지 아닌지 알기 어렵습니다. 그러나 진노래기벌은 전혀 헷갈리지 않고 비단벌레만을 정확히 잡아 왔습니다. 진노래기벌은 비단벌레를 정확히 알아보는 능력이 있습니다.

그뿐만이 아닙니다. 비단벌레들은 이미 죽었는데도 살아 있는 것처럼 선명한 빛깔을 띠고 있습니다. 다리와 더듬이, 몸도 아주 부드러웠습니다. 나는 비단벌레의 몸을 자세히 살펴보았지만, 그 어떤 상처도 발견할 수 없었습니다. 비단벌레가 어찌나 깨끗하고 싱싱하던지, 지금 막 알에서 깨어나 나무줄기에 있던 녀석을 잡아왔다고 해도 믿을 정도였습니다.

죽은 비단벌레가 어떻게 이런 상태를 유지할 수 있는 것일까요? 어떤 사람은 비단벌레가 차가운 흙 속에 파묻혀 있었기 때문이라고 주장합니다. 다른 사람은 죽은 지 얼마 되지 않은 비단벌레이기 때문에 아직 싱싱하다고 말합니다. 그러나 그들의 주장은 모두 틀렸습니다.

나는 진노래기벌의 벌집에서 채집한 비단벌레를 가지고 와 종이봉투에 넣었습니다. 그리고 36시간 정도 그냥 놔두었습니다. 한창 더운 7월이었는데도 비단벌레의 몸은 전혀 상하지 않았습니다. 다리도 더듬이도 보통 때처럼 부드러웠습니다. 비단벌레 몇 마리를 해부해 보니 내장 역시 아주 신선했습니다.

여름철에 곤충의 몸은 죽은 지 12시간이 지나면 내장이 바싹 마르거나 썩어 버립니다. 이런 곤충으로 연구한다는

해부
생물체의 일부나 전부를 갈라서 그 안의 구조와 각 부분의 관련성 등을 조사하는 일.

방부제
세균, 효모 등 눈으로 볼 수 없는 아주 작은 생물인 미생물의 활동을 막아 물건이 썩지 않게 하는 약.

포르말린
알코올의 한 종류인 메탄올에서 얻은 기체를 물에 녹인 액체. 사진 필름을 만드는 데 쓰이며, 소독제나 방부제로도 사용한다.

것은 불가능합니다. 해부한 다고 해도 곤충의 구조조차 조사하기 어렵습니다.

그러나 진노래기벌이 사냥한 이 비단벌레는 심지어 2주일이 지나도 전혀 썩지 않았습니다. 어쩌면 진노래기벌이 비단벌레가 썩지 않도록 특수 처리를 한 것이 아닐까요? 예를 들면 **방부제**처럼 말입니다. 그렇다면 도대체 무엇으로 특수 처리를 한 것일까요?

이상이 뒤프레의 책 내용입니다. 의사이자 곤충학자였던 뒤프레는 진노래기벌이 방부제를 사용한 것이라 생각하고 있었습니다. 벌의 독침 안에 알코올이나 **포르말린** 같은 물질이 들어 있다는 것

곤충 채집과 표본 만들기

곤충을 연구하는 방법에는 곤충을 관찰하고 기르는 일 외에 채집하여 표본을 만드는 일도 있어요. 곤충 채집은 자연 환경 속에 사는 곤충을 잡는 것으로, 잡는 방법이 다양해요. 그물 같은 곤충망을 활용하거나 먹이나 불빛으로 유인하여 곤충을 잡은 다음, 오래 보관하기 위해 표본을 만들어요. 표본을 만드는 방법은 '건조 표본'과 '액침 표본'으로 나눌 수 있어요. 몸이 작고 날개가 달린 나비, 나방, 잠자리 등은 말려서 표본을 만드는 건조 표본을 해요. 반면, 거미 등 몸에 수분이 많은 곤충은 알코올이나 포르말린 같은 액체에 담가 표본을 만드는 액침 표본을 하지요.

표본을 만들기 위해 너무 많은 곤충을 채집하면 자연을 파괴하는 원인이 될 수 있으니 주의해야 해요.

입니다. 이 물질들은 동물을 해부한 뒤 썩지 않도록 보관할 때 쓰는 약품입니다. 우리가 음식을 오래 보존하기 위해 말리거나, 소금에 절이거나, 연기에 그을리는 것과 같은 이치입니다.

특히 육류는 소금에 절이거나 훈제하는 것 말고는 오래 보존할 방법이 없습니다. 오늘날에는 냉동 장치가 달린 배로 양고기와 쇠고기를 얼려서 운반하는 방법을 씁니다. 이 냉동 장치를 설치하는 데에는 많은 비용이 소요됩니다.

그런데 말리거나 그을린 생선은 썩지 않을 뿐이지 살아서 펄떡펄떡 뛰는 생선과는 엄연히 다릅니다. 죽인 뒤 얼린 고기도 마찬가지입니다.

반면, 진노래기벌의 경우는 어떨까요? 진노래기벌은 그저 침을 한 방 꽂는 것만으로도 잡은 먹이를 썩지 않게 할 수 있습니다. 사람처럼 많은 돈을 들일 필요가 전혀 없습니다. 그뿐입니까? 침을 맞은 벌레는 살아 있는 모습 그대로 유지됩니다.

만약 뒤프레의 생각처럼 진노래기벌이 방부제를 사용한 것이라면, 벌레가 이렇게 신선한 상태로 있을 수 있을까요? 아마 벌레를 썩지 않게 하는 정도에 그칠 것입니다. 그러니

진노래기벌에게는 분명 방부제가 아닌 다른 무언가가 숨겨져 있을 것입니다. 나는 그렇게 생각할 수밖에 없습니다.

  이 문제의 해답은 의외의 곳에서 찾았습니다. 그것도 진노래기벌이 아니라 혹노래기벌을 통해서 말입니다.

혹노래기벌의 끈기

뒤프레의 책을 읽은 뒤 나는 노래기벌이 일하는 모습을 직접 보고 싶었습니다. 진노래기벌은 뒤프레가 사는 랑드 지방에 아주 많습니다. 그러나 내가 사는 이 고장에서는 좀처럼 볼 수 없습니다. 가을철에 활짝 핀 꽃에서 어쩌다 겨우 한 마리 볼 수 있을 정도입니다.

그러던 어느 봄날, 마침내 기회가 찾아왔습니다. 진노래기벌은 아니지만 노래기벌의 한 종류인 혹노래기벌을 발견한 것입니다.

이 고장은 바위가 잘 부서지기 때문에 벼랑이 아주 많습니다. 관찰을 하려고 간 카르팡트라스에서 우연히 벌이 파 놓은 것 같은 구멍을 몇 개 발견했습니다. 얼마 뒤, 벼랑 중

카르팡트라스
프랑스의 남부, 아비뇽의 북동쪽에 있는 도시.

턱에서 비단벌레의 시체가 가득한 구멍을 찾아냈습니다. 근처에 흑노래기벌이 사는 것입니다.

흑노래기벌은 노래기벌 중에서 몸집이 가장 크고 튼튼한 벌입니다. 보통 10마리 정도가 함께 모여 삽니다. 이들은 가을이 되면 구멍을 파서 집을 짓고, 그 안에 애벌레의 먹이를 잔뜩 묻어 둡니다.

부드러운 모래톱이나 땅속에 여러 층의 집을 짓고 사는 땅벌

진노래기벌이 단단히 다져진 땅을 좋아한다면, 흑노래기벌은 깎아지른 듯한 벼랑에 집을 짓습니다. 흑노래기벌은 흙이 부드럽든 거칠든 크게 신경 쓰지 않습니다. 그들에게는 건조하고 햇볕이 잘 드는지가 중요합니다.

흑노래기벌은 왜 벼랑에 집을 짓는 것일까요? 이 고장은 해마다 가을철이면 비가 많이 내립니다. 그러니 볕이 잘 들고 물이 잘 빠지는 벼랑이야말로 흑노래기벌이 집 지을 장소로 안성맞춤인 셈입니다. 흑노래기벌이 어떻게 이런 곳을 딱딱 알아낼 수 있는지 자연의 신비란 참 대단합니다.

곤충의 짝짓기

사람을 '남녀'로 구분하는 것처럼, 곤충도 '암수' 구분이 있어요. 어떤 종류의 곤충이든 어른벌레 시기가 일생 중에 가장 짧아요. 그렇지만 곤충에게 어른벌레 시기는 매우 중요해요. 이때 짝짓기를 하고 알을 낳거든요. 짝짓기 때 모든 곤충이 짝짓기에 성공하는 것은 아니에요. 치열한 경쟁을 통해 강한 곤충만 짝짓기에 성공하여 종족을 유지해요. 예를 들어, 개미는 짝짓기를 하기 위해 모든 수개미들이 공중으로 날아오르는데, 대부분 비행 중에 힘이 없어 떨어지고 가장 강한 수개미만 짝짓기를 해요.

쨍쨍 내리쬐는 태양 아래에서 혹노래기벌의 집 짓는 모습을 구경하는 일은 정말 즐겁습니다. 어떤 벌은 턱으로 구멍 속의 돌을 골라내고 있고, 어떤 벌은 바위에서 잠깐 쉬면서 날갯짓을 합니다. 그런가 하면 다리의 가시로 땅을 긁어서 흙을 파내는 벌도 있습니다. 이때 흙이 미끄러져 떨어지면서 벼랑에 흙 자국을 남깁니다. 이 자국이 내가 벼랑 중턱에서 비단벌레를 발견하는 데 중요한 단서가 되었습니다.

나는 구멍 입구에 가만히 앉아 있는 혹노래기벌 한 마리를 발견했습니다. 녀석은 아마 수컷일 것입니다. 혹노래기벌의 수컷은 암컷의 절반 정도 되는 크기입니다. 수컷은 집을 짓거나 애벌레의 먹이를 잡는 일은 절대 하지 않습니다.

그저 구멍 주위를 어슬렁거리고 있을 뿐입니다. 신기한 것은 수컷이 구멍 안으로 들어가는 일도 절대 없다는 것입니다.

노래기벌이 자주 사냥하는 바구미

그때였습니다. 갑자기 '붕!' 하는 소리가 나더니, 혹노래기벌 한 마리가 숲 속으로 날아갔습니다. 곧이어 구멍 입구에 서 있던 수컷이 바로 뒤따라갔습니다. 두 마리의 혹노래기벌이 짝짓기를 하려는 것입니다. 만약 여기서 다른 수컷이 끼어든다면 어떻게 될까요? 수컷들은 누구 한 마리가 질 때까지 서로 싸워야만 합니다. 이때 암컷은 아무것도 하지 않고 수컷들이 싸우는 모습을 지켜보다가, 이긴 수컷을 맞아 짝짓기를 합니다.

혹노래기벌은 집을 빨리 짓는 편입니다. 다른 노래기벌 종류들은 그때그때 좋은 장소를 찾아 집을 짓지만, 혹노래기벌은 조상 대대로 물려받은 집을 소중히 지켜 나갑니다. 조상들이 파 놓은 구멍을 좀 더 깊이 파서 쓰는 식인데, 그 덕에 혹노래기벌은 2~3일이면 금세 새 집을 완성합니다.

혹노래기벌의 벌집은 땅속 10~20센티미터 정도는 수직으로 뻗어 있지만, 그 다음부터는 갑자기 굽어져 여러 갈래로 길이 나뉩니다. 미로 같은 집의 맨 끝에는 애벌레가 사는 방이 있고, 여기에는 애벌레의 먹이가 서너 마리 있습니다. 그런데 혹노래기벌이 잡아 온 벌레는 비단벌레가 아니었습니다. 바로 몸집이 큰 바구미였습니다.

나는 혹노래기벌이 먹잇감을 운반하는 것을 관찰했습니다. 혹노래기벌은 제 몸을 바구미의 몸에 맞대고 다리로 꽉 껴안아 고정한 채 하늘을 날아옵니다. 이윽고 도착한 혹노래기벌은 구멍에서 조금 떨어진 곳에 내려앉습니다.

이제부터 혹노래기벌에게 날개는 필요 없습니다. 혹노래기벌은 강한 턱으로 바구미를 밀어 구멍까지 끌고 가기 시작합니다. 벼랑이 워낙 험한지라 바구미와 함께 비탈진 곳으로 데굴데굴 굴러 떨어지기도 합니다. 그러나 벌은 지치지도 않는지 먼지투성이인 몸을 발딱 일으켜 다시 바구미를 끌고 갔습니다.

이 광경을 보니 문득 궁금한 것이 하나 생겼습니다.

'벌과 바구미의 몸무게는 얼마나 차이가 날까?'

나는 곧장 벌과 바구미를 잡아 무게를 재어 보았습니다.

바구미
딱정벌레목의 한 종류로 머리가 앞으로 길게 뻗어 주둥이를 이루는 바구미과의 곤충을 일컫는 말. 바구미류는 식물을 먹으며 자극을 받으면 다리와 더듬이를 움직이지 않는다.

벌은 150밀리그램, 바구미는 250밀리그램이었습니다. 혹노래기벌이 바구미를 낑낑거리며 끌고 가는 데에는 다 이유가 있었던 것입니다. 제 몸무게보다 거의 두 배나 넘는 무거운 녀석을 끌고 가려니 힘이 들 수밖에 없었겠지요.

바구미를 운반하는 사냥 벌의 일종인 노래기벌

그러나 바구미를 껴안고 하늘을 날던 혹노래기벌은 아주 평온해 보였습니다. 이렇게 무거운 녀석을 데리고 유유히 하늘을 날 수 있다니, 혹노래기벌의 날개 힘이 얼마나 센지 알 수 있습니다.

그때였습니다. 혹노래기벌은 갑자기 바구미를 껴안더니 하늘 높이 날아 도망쳐 버렸습니다. 아무래도 내가 관찰한답시고 혹노래기벌을 귀찮게 한 모양입니다. 어쩌면 내가 곧 바구미를 빼앗아 갈 거라는 사실을 알고 있었는지도 모릅니다. 그때 도망치던 벌의 몸짓이 얼마나 가볍고 민첩하던지 지금 생각해도 감탄이 절로 나옵니다.

혹노래기벌이 항상 도망만 가는 것은 아닙니다. 바구미를 구멍까지 끌고 가는 일에 열중해서 내가 지켜보는 것도 모르는 혹노래기벌도 있습니다. 나는 가능한 한 벌한테 상처 입히지 않고 바구미를 채집하고 싶었습니다. 그래서 지푸라기를 이용하여 바구미를 슬쩍 빼앗아 보기로 했습니다.

　방법은 간단합니다. 혹노래기벌의 다리에 지푸라기를 걸어 넘어뜨리는 것입니다. 바구미를 끌며 열심히 가던 혹노래기벌은 난데없이 등장한 지푸라기에 다리가 걸려 넘어지는 바람에 꼭 안고 있던 바구미를 놓쳐 버립니다. 나는 혹노래기벌이 알아차리기 전에 재빨리 바구미를 낚아챘습니다.

　이윽고 일어난 혹노래기벌은 잔뜩 당황한 채 주위를 두리번거리며 바구미를 찾기 시작합니다. 그러더니 이내 내 눈앞에서 사라져 버렸습니다.

　'역시 포기하고 구멍 속으로 들어간 모양이군.'

　그때 구멍 속에서 혹노래기벌이 나왔습니다. 아무래도 나에게 바구미를 빼앗겼던 그 녀석인 것 같았습니다. 혹노래기벌은 어디론가 날아가더니, 십 분도 채 안 되어 바구미를 껴안고 돌아왔습니다. 그 짧은 시간에 바구미를 한 마리 더 잡아 온 것입니다. 그러니 혹노래기벌을 두고 사냥의 명수라고 하는 것이겠지요?

　혹노래기벌에게는 미안하지만, 나는 이 바구미도 빼앗아

보았습니다. 그러자 흑노래기벌은 금세 또 다른 바구미를 잡아 왔습니다. 나는 이렇게 같은 흑노래기벌에게서 무려 8번이나 바구미를 가로챘습니다. 흑노래기벌은 결코 포기하는 법이 없었습니다. 그때마다 바구미를 새로 잡아 왔습니다.

'그래, 내가 졌다.'

결국 나는 흑노래기벌의 끈기 앞에서 두 손을 들고 말았습니다.

혹노래기벌과 바구미

나는 이런 식으로 혹노래기벌이 잡아 놓은 바구미를 빼앗거나 구멍 속을 파헤쳐 꽤 여러 마리의 바구미를 모았습니다.

나는 뒤프레가 하던 것처럼 바구미를 자세히 조사했습니다. 바구미의 몸은 아주 부드럽고 관절도 잘 움직였습니다. 내장을 해부해 보니 살아 있는 것처럼 아주 신선했습니다. 역시 방부제로 이런 효과를 낼 수는 없을 것 같았습니다. 그 순간, 내 머릿속을 스쳐 지나가는 생각이 하나 있었습니다.

'어쩌면 바구미가 살아 있는 게 아닐까? 죽은 것처럼 보이지만 살아 있는 거야!'

그렇습니다. 바구미는 살아 있었습니다.

그 증거는 다음과 같습니다.

첫 번째, 벌에게 잡힌 바구미는 처음 일주일 동안 계속해서 똥을 눕니다. 만약 바구미가 죽은 것이라면 똥을 누는 일은 없을 것입니다.

앞다리로 먹이를 꽉 누른 상태에서 독침을 찔러 넣는 노래기벌

두 번째, 아주 약하긴 하지만 자극을 하면 반응을 보입니다. 나는 병에 톱밥을 담고 휘발유 몇 방울을 떨어뜨렸습니다. 그리고 구멍에서 막 파 온 바구미를 넣자, 바구미의 다리와 더듬이가 움직이기 시작했습니다.

'이럴 수가! 바구미가 다시 살아나는 건 아닐까?'

나는 깜짝 놀랐습니다. 그러나 그것은 헛된 바람이었습니다. 15분이 지나자 바구미의 움직임은 점점 느려졌고, 다시는 움직이지 않았습니다.

나는 잡은 지 사나흘 지난 바구미에게도 실험해 보았습니다. 그 결과, 잡은 지 오래된 바구미일수록 반응이 늦게 나타난다는 사실을 알 수 있었습니다.

바구미의 움직임은 앞에서 뒤로 전해집니다. 먼저 더듬이

천적이란?

모든 생물은 서로 먹고 먹히는 먹이 사슬로 관계가 얽히고설켜 있어요. 먹이 사슬 중 어떤 생물을 공격하여 잡아먹고 잡아먹히는 동물의 관계를 '천적'이라고 불러요. 생물은 천적이 있어야 개체 수가 유지되고 자연의 평형이 이루어져요. 천적은 다른 동물을 잡아먹거나 다른 동물의 몸에 기생하는 방식으로 살아가요. 천적 관계에 있는 곤충의 예로는 바구미와 노래기벌뿐만 아니라 진딧물과 무당벌레, 나비나 나방의 애벌레에 기생하는 기생파리 등이 있어요.

가 흔들리고 그 다음 앞다리, 가운뎃다리, 뒷다리가 흔들리는 식입니다. 이렇게 한 번 움직이기 시작하면 그 다음부터는 규칙 없이 마구잡이로 움직입니다.

갓 잡은 바구미는 다리 정강이까지 움직였지만, 잡은 지 좀 지난 바구미는 다리 끝만 조금 움직일 뿐이었습니다. 잡은 지 열흘 정도 지나면 아예 아무런 반응도 보이지 않았습니다.

나는 방법을 바꾸기로 하고, 바구미의 몸에 분젠 전지를 연결했습니다. 분젠 전지는 독일의 과학자 '분젠'이 발명한 전지입니다. 이 전지에 가느다란 철사를 붙인 뒤 철사의 끝을 바구미의 배 마지막 마디에 꽂았습니다. 그리고 다른 철사를 목 아래에 꽂아 연결했습니다. 이윽고 전류를 흘려 보내자 바구미의 다리가 바짝

오므라들기 시작했습니다. 전류를 끊으면 다리는 다시 축 늘어졌습니다. 역시 바구미는 살아 있었던 것입니다.

전류를 흘려 보낸 처음 며칠간 바구미는 제법 강한 움직임을 보였습니다. 그러나 시간이 지날수록 전류에 대한 반응이 점차 줄어들었습니다. 열흘이 지날 무렵에는 아주 미세하게 다리가 떨렸습니다. 보름이 지나자 전류를 흘려 보내도 아무런 반응이 나타나지 않았습니다. 이제 바구미는 더 이상 움직일 수 없게 된 것입니다. 그런데 몸은 여전히 부드럽고 싱싱했습니다.

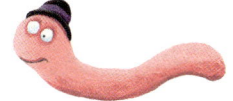

조금 더 확실히 하기 위해 나는 벤젠과 유황 가스로 딱정벌레와 하늘소를 죽였습니다. 그리고 바구미에게 했던 것과 같은 전기 실험을 해 보았습니다. 이들은 죽은 지 두 시간 밖에 지나지 않았지만, 조금도 움직이지 않았습니다.

이것으로 확실해졌습니다. 바구미는 죽은 것도, 방부제 때문에 썩지 않은 것도 아니었습니다. 그저 혹노래기벌의 침 때문에 몸을 움직이는 데 쓰는 신경이 마비된 것뿐이었습니다.

혹노래기벌 애벌레는 신선한 먹이를 좋아합니다. 그렇다고 살아 있는 먹이를 방에 그냥 두었다가 연약한 혹노래기

분젠 전지
묽은 황산 속에 아연으로 된 통을 세우고, 그 안에 막대와 진한 질산이 든 통을 넣어 만든 전기 에너지를 발생시키는 장치.

하늘소
몸이 가름하며 날개가 단단하고 입의 양옆에 날카로운 큰턱으로 작은 가지 등을 잘라 낼 수 있는 하늘솟과의 곤충을 일컫는 말.

벌 애벌레가 죽기라도 하면 곤란합니다. 그러니 먹이가 움직이지 못하도록 마비시켜 애벌레에게 주는 것입니다.

그렇다면 혹노래기벌은 바구미의 어느 부분을 침으로 찌르는 것일까요? 바구미의 몸은 갑옷을 입은 것처럼 아주 단단하고 빈틈이 없는데 말입니다. 나는 확대경으로 바구미의 몸을 샅샅이 살펴보았습니다. 그러나 독침에 찔린 듯한 자국은 전혀 찾을 수 없었습니다. 결국, 방법은 한 가지였습니다. 혹노래기벌이 바구미를 침으로 찌르는 순간을 눈으로 직접 보는 것입니다.

혹노래기벌은 사냥터로 특별히 어느 곳을 정해 두지는 않습니다. 그저 먹이를 찾아 아무 데로든 일단 날아가고 봅니다. 그러다가 먹이를 발견하면 곧장 잡아 집으로 돌아옵니다. 이렇게 혹노래기벌이 먹이를 잡아 오는 데에는 십 분이 채 걸리지 않습니다.

이것은 혹노래기벌의 사냥 솜씨가 훌륭한 것도 있지만, 사냥터가 집에서 그다지 멀지 않다는 뜻이기도 합니다. 어찌됐건 십 분 이내로 날아올 수 있는 곳입니다. 벌레를 발견하고 그것을 공격하는 시간까지 계산해 보면 사냥터는 벌집 근처가 분명합니다.

　나는 흑노래기벌을 찾아 주위를 돌아다니기 시작했습니다. 그렇게 오후 내내 돌아다녔지만 흑노래기벌이 너무 빨리 사라지는 바람에 흑노래기벌이 사냥하는 모습을 좀처럼 볼 수 없었습니다. 뒤프레도 하지 못한 일이니, 역시 나도 포기해야만 하는 것일까요? 그 순간 아주 그럴 듯한 생각이 떠올랐습니다.

먹잇감 바구미를 집으로 나르는 노래기벌

　'살아 있는 바구미를 벌집 구멍 근처에 놓아두자. 그리고 흑노래기벌을 유인하는 거야.'

　나는 바구미를 잡으러 이틀 동안 동네를 구석구석 뒤졌습니다. 포도밭, 보리밭은 물론이고 울타리와 작은 돌무더기까지 샅샅이 살폈습니다. 그러나 겨우 세 마리 잡았을 뿐입니다. 그나마도 기운이 없거나 더듬이나 다리가 떨어져 나간 것들입니다.

　나는 새삼 흑노래기벌의 사냥 실력에 놀라지 않을 수 없습니다. 본능의 힘이란 정말 위대한 법입니다. 이틀 동안 고작 세 마리를 잡은 나와는 달리, 벌은 짧은 시간에 몇 백 마리의 바구미를 잡아 오니 말입니다. 그것도 아주 반짝거리는 싱싱하고 아름다운 놈들만 골라서 말입니다.

그날 이후에도 나는 바구미를 계속 지켜보았습니다. 그러나 바구미가 어떤 생활을 하는지조차 아직 잘 모릅니다.

나는 이 세 마리의 바구미로 실험을 했습니다. 혹노래기벌이 이 바구미를 마음에 들어 하지 않을까 봐 걱정스러웠지만 어쩔 수 없습니다. 마침, 혹노래기벌 한 마리가 사냥한 바구미를 끌어안고 돌아오고 있었습니다. 이내 혹노래기벌은 바구미를 끌고 구멍 속으로 들어갔습니다.

'바로 지금이다.'

나는 혹노래기벌이 다시 사냥하러 떠나기 전에 미리 잡아 둔 바구미를 구멍 옆에 놓아두었습니다. 바구미는 자신의 상황을 전혀 모르는 채 느릿느릿 구멍 주위를 돌아다닙니다. 나는 바구미가 다른 곳으로 갈 때마다 원래 위치로 돌려놓으며 벌이 나오기만을 기다렸습니다.

이윽고 혹노래기벌이 벌집 속에서 나왔습니다. 나는 손에 땀을 쥐며 지켜보았습니다. 구멍 주위를 돌아다니던 혹노래기벌은 내가 놓아둔 바구미를 발견하더니, 바구미의 곁을 왔다 갔다 하기 시작했습니다.

'이제 바구미를 잡으려는 모양이구나.'

혹노래기벌을 바라보는 내 가슴은 마구 두근거렸습니다. 그런데 이게 웬일일까요? 혹노래기벌은 내가 그토록 고생해서 잡은 바구미에 손도 대지 않은 채 날아가 버렸습니다. 혹시나 싶어 다른 벌집의 구멍에도 놓아 보았지만 결과는 역시나 실패였습니다.

나는 힘이 쭉 빠졌습니다. 혹노래기벌은 내가 잡아 온 바구미가 마음에 들지 않은가 봅니다. 신선하지 않아 맛이 없다고 생각한 것일까요? 아니면 내가 손가락으로 여러 번 만진 것을 알아차린 것일까요? 혹노래기벌은 아주 예민해서 사람이 손댄 먹이는 싫어할 수도 있습니다.

나는 새로운 방법을 생각해 냈습니다. 혹노래기벌이 자신을 지키기 위해 침을 사용하게끔 만드는 것입니다. 나는 병 안에 바구미와 혹노래기벌을 한 마리씩 넣고 병을 마구 흔들기 시작했습니다. 혹노래기벌이 화가 나서 바구미를 향해 침을 쏘기를 바라면서 말입니다.

그러나 혹노래기벌은 내 예상과 전혀 다른 행동을 보였습니다. 바구미를 찌르기는커녕 바구미보다 더 놀라서는 어떻게든 도망가려고 애쓰는 것이었습니다. 오히려 바구미가 공격적인 태도를 보이며 주둥이로 벌의 다리를 꽉 붙들어 버렸습니다.

혹노래기벌은 완전히 겁에 질려 있었습니다. 침을 사용해야 한다는 생각 자체를 전혀 못하는 것 같았습니다. 둘의 역할이 완전히 바뀐 것입니다. 결국, 이번 실험도 실패로 돌아갔습니다.

'이 방법까지 실패하다니, 도대체 어떻게 하면 좋을까?'

나는 고민에 빠졌습니다. 정말 어려운 문제였지만, 그만큼 이 실험을 꼭 성공하고 싶었습니다. 그때 좋은 생각이 하나 떠올랐습니다.

사냥에서 돌아온 혹노래기벌은 구멍에서 조금 떨어진 벼랑 아래에 내려앉습니다. 그리고 바구미를 벌집까지 끌고 가기 시작합니다. 바로 그때 핀셋으로 내가 잡은 바구미와 슬쩍 바꿔치기를 하는 것입니다.

이 방법은 아주 보기 좋게 성공했습니다. 먹이가 사라진 것을 안 혹노래기벌은 깜짝 놀라 주위를 두리번거렸습니다. 그러다가 내가 놓아둔 바구미를 보고 재빨리 달려들어 옮기려 했습니다. 그런데 이 바구미가 아직 살아 있다는 것을 깨달았습니다. 자, 이제 어떤 일이 일어날까요? 나는 숨을 죽인 채 흑노래기벌의 행동을 지켜보았습니다.

흑노래기벌은 큰 턱으로 바구미의 주둥이를 물었습니다. 앞다리로는 바구미의 등을 아주 꽉 누르고 있었습니다. 그리고 몸을 힘껏 구부려 바구미의 몸 아래로 꽁무니를 집어넣더니 바구미의 앞다리와 가운뎃다리 사이를 독침으로 두세 번 찔렀습니다. 이 모든 일은 눈 깜짝할 사이에 일어났습니다.

가슴을 찔린 바구미는 벼락이라도 맞은 것처럼 순식간에 옴짝달싹 못하는 신세가 되었습니다. 벌은 바구미를 뒤집어 다리로 껴안고는 날아가 버렸습니다. 어찌나 민첩하던지 나는 깜짝 놀라고 말았습니다.

벌이 날아간 뒤, 나는 세 마리의 바구미를 잡아 다시 같은 방식으로 실험해 보았습니다. 결과는 모두 같았습니다.

나는 이런 식으로 흑노래기벌이 잡은 바구미를 연구할 수 있었습니다. 그리고 이 실험으로 흑노래기벌의 사냥 실력을 다시금 확인하였습니다. 만약, 사람이 바구미를 침으로 기절시키려 했다면 어땠을까요? 바구미는 며칠이고 계속 온

> **해충이란?**
>
> 곤충 중에서 인간의 생활에 해를 끼치는 종류를 통틀어 '해충'이라고 해요. 해충이라는 말은 인간의 관점에서 바라보았을 때 가리키는 말이며, 곤충 자체만으로 본다면 다른 모든 생명체에 해를 끼치거나 이익이 되거나 하는 곤충은 없어요. 일반적인 해충으로는 빈대, 모기, 바퀴벌레, 좀, 파리 등이 있어요. 해충은 몸의 피를 빨아 먹고, 전염병을 옮기거나 농산물에 피해를 입히는 등의 해를 끼쳐요.

몸을 버둥거리며 살아 있었을 것입니다. 그러나 흑노래기벌은 가느다란 독침을 찔러 넣는 것만으로도 바구미의 모든 움직임을 멈추게 했습니다.

이 실험으로 흑노래기벌이 바구미의 몸에 침을 찔러 넣는 곳을 알게 되었습니다. 그러나 뛰어난 사냥꾼이 지닌 비밀은 여전히 남아 있습니다.

흑노래기벌은 어떻게 바구미의 급소를 알 수 있었을까요? 그리고 진노래기벌과 흑노래기벌은 왜 비단벌레와 바구미만 사냥하는 것일까요?

수수께끼의 해답은 바로 바구미에게 있었습니다.

급소
사물의 가장 중요한 부분. 조금만 다쳐도 생명에 지장을 주는 몸의 중요한 부분.

타고난 과학자, 노래기벌

지금부터 유명한 해부학자와 생리학자가 있다고 상상해 보세요. 이들은 혹노래기벌이 잡은 바구미가 왜 신선한가를 두고 토론하고 있습니다.

"혹노래기벌의 독침 속에는 방부제가 들어 있는 거야."

학자들은 말합니다. 그러나 이것은 뒤프레와 같은 실수를 저지르는 것입니다.

그때, 옆에서 이들의 대화를 가만히 듣고 있던 내가 입을 엽니다.

"여러분은 중요한 것을 놓치고 있어요. 애벌레에게 필요한 것은 죽은 게 아닌, 살아 있는 먹이라는 것을 생각해야 해요."

해부학자
생물체 내부의 구조와 기구를 연구하는 학자.

생리학자
생물의 기능과 활동의 원리를 연구하는 학자.

곰곰이 생각하던 학자들이 대답합니다.

"그럼, 결국 벌레를 마취해야겠군."

그렇습니다. 벌레를 죽이지 않고 움직이지 못하게 하려면 마취해야 합니다. 혹노래기벌은 애벌레에게 신선한 먹이를 주기 위해 바구미를 마취하는 것입니다.

혹노래기벌은 잡아 온 바구미를 애벌레의 방 안에 세 마리 정도 넣어 둡니다. 그러고 나서 바구미 옆에 알을 낳습니다. 바구미는 움직이지 못하므로 알을 해칠 염려는 전혀 없습니다. 이윽고 알에서 깨어난 애벌레는 신선하고 부드러운 바구미를 먹고 자라납니다.

혹노래기벌의 애벌레는 색도 모양도 변하지 않은 싱싱한 먹이를 먹어야 합니다. 만약, 혹노래기벌이 바구미를 죽여서 넣어 두었다면 어떻게 되었을까요? 바구미는 금세 썩어서 애벌레가 깨어났을 때면 고약한 냄새를 풍기고 있을 것입니다. 그렇다고 살아 있는 바구미를 그냥 넣었다가는 애벌레의 목숨이 위험합니다.

바구미는 생명력이 아주 강한 곤충입니다. 머리를 잘라도 목숨은 붙어 있어서 한참 동안이나 목이 없는 채로 다리를 버둥거리기도 합니다. 물론, 벤젠이나 청산가리를 이용하여 죽일 수는 있습니다. 그렇지만 그런 독은 바구미의 윤기를 앗아가 버립니다. 흑노래기벌의 마취총을 당해 낼 방법은 없는 것입니다.

흑노래기벌은 바구미의 신경을 공격하여 움직이지 못하게 만듭니다. 보통 곤충의 신경은 배와 가슴이 연결된 부분에 있습니다. 이곳을 독침으로 찌르면 곤충은 더 이상 움직이지 못합니다. 그런데 바구미는 딱딱한 껍질로 몸을 감싸고 있습니다. 반면, 벌의 무기는 가늘고 잘 휘어지는 침 하나뿐입니다. 이것으로는 바구미의 단단한 갑옷을 뚫을 수는 없습니다.

결국 흑노래기벌은 갑옷의 틈새를 노려야만 합니다. 이때 흑노래기벌에게 주어진 기회는 많지 않습니다. 아무 관절이나 무턱대고 찔렀다가는 오히려 바구미를 난폭하게 만들 수 있습니다. 그러니 단번에 상대를 마취하지 않으면 흑노래기벌의 목숨만 위험해집니다.

흑노래기벌은 신경의 중심인 신경 마디를 공격해야 합니다. 어른이 된 곤충은 세 개의 가슴 신경 마디를 가지고 있습니다. 흑노래기벌은 바구미의 목과 가슴이 연결되는 곳이나 앞다리와 가운뎃다리 사이를 찔러야만 합니다. 특히 앞다리와 가운뎃다리 사이를 찌르는 편이 훨씬 효과적입니다. 그곳에 다리로 가는 신경 마디가 있기 때문입니다.

　이 신경 구조는 곤충마다 조금씩 다릅니다. 누에는 몸 한가운데의 선을 따라 신경이 연결되어 있고, 메뚜기는 앞가슴, 가운뎃가슴, 뒷가슴 세 군데에 신경 마디가 있습니다. 메뚜기를 마비시키려면 이 세 개의 신경 마디를 모두 찔러야 합니다. 앞가슴의 신경만 찔렀다가는 앞다리만 움직이지 못할 뿐이고, 나머지 다리는 얼마든지 움직일 수 있기 때문입니다. 그러나 흑노래기벌이 세 곳의 신경을 동시에 찌르지는 못합니다. 그렇다고 차례대로 찌르면 오히려 메뚜기에게 공격당하여 죽을지도 모릅니다.

　곤충 중에는 신경 마디가 맞붙어 있는 것이 있습니다. 이런 곤충은 어느 한 군데만 찔러도 모든 부위를 움직이지 못합니다. 침이라는 무기를 가진 흑노래기벌에게는 안성맞춤인 사냥감입니다.

　바구미처럼 온몸이 딱딱한 껍질로 덮인 곤충을 갑충이라고 합니다. 갑충으로는 개똥벌레, 딱정벌레 등이 있습니다. 나는 에밀 블랑샤르가 쓴 『갑충의 신경에 대한 연구』를 읽어 보았습니다. 여기에는 주로 쇠똥구리류의 곤충들이 신경

누에
13개의 마디가 있으며 몸에는 검은 무늬가 있는 누에나방의 애벌레. 알에서 나온지 25일쯤 지나면 실을 토하여 고치를 짓고 번데기가 되었다가 나방으로 나온다.

마디가 하나로 연결되어 모여 있다고 쓰여 있었습니다.

그러나 쇠똥구리의 몸집은 혹노래기벌이 잡기에는 너무 큽니다. 혹노래기벌이 쇠똥구리를 마취했다 하더라도 벌집까지 끌고 가기는 어렵습니다. 애초에 깨끗한 것을 좋아하는 혹노래기벌이 똥을 굴리며 생활하는 쇠똥구리에게 다가갈 리도 없고 말입니다.

풍뎅이류와 나방의 애벌레도 신경 마디가 한데 모여 있습니다. 그런데 풍뎅이류는 죽은 곤충을 먹기 때문에 혹노래기벌이 그다지 좋아하지 않습니다. 그렇다면 나방의 애벌레는 어떨까요? 이 애벌레는 혹노래기벌이 잡기에는 너무 작습니다.

결국, 남은 것은 비단벌레와 바구미 둘뿐입니다. 혹노래기벌이 비단벌레와 바구미만 사냥한 데에는 그럴 만한 이유가 있었습니다. 겉으로는 비단벌레와 바구미가 서로 다르게 생겼지만, 둘 다 신경 마디가 한곳에 모여 있다는 공통점이 있습니다.

다른 점도 있습니다. 앞서 소개한 뒤프레의 책을 떠올려 보면 알 수 있습니다. 뒤프레가 연구한 진노래기벌은 여러

갑충
온몸이 단단한 껍데기로 싸여 있고 앞날개가 단단한 딱정벌레목의 곤충을 통틀어 일컫는 말. 풍뎅이, 하늘소, 딱정벌레 등이 있다.

> ### 파브르의 『곤충기』
>
> 우리에게 『파브르 곤충기』로 널리 알려진 『곤충기』의 부제는 '곤충의 본능과 습성에 관한 연구'예요. 이 책은 파브르가 1879년부터 1907년까지 28년 동안 곤충을 관찰한 기록을 한데 모은 것이에요. 그 결과 『곤충기』는 총 10권의 책으로 묶여 나왔어요. 여기에는 남프랑스에 사는 곤충들의 습성과 생태에 대한 관찰 기록이 세밀하고도 아름다운 문장으로 쓰여 있어요. 그래서 이 책을 통해 흥미로운 곤충의 세계를 엿볼 수 있을 뿐만 아니라 문학적 아름다움도 느낄 수 있어요. 이 책으로 파브르는 '곤충의 시인'이라는 평을 받았어요.

종류의 비단벌레를 잡았습니다. 그러나 혹노래기벌은 넉점길쭉바구미 딱 한 종류만 사냥합니다. 예전에 다른 종류의 바구미가 섞여 있는 것을 본 적이 있지만, 오직 그때 한 번뿐이었습니다.

왜 혹노래기벌은 넉점길쭉바구미만 잡는 것일까요? 넉점길쭉바구미가 다른 바구미에 비해 영양이 더 풍부하고 맛이 좋기 때문일까요?

나는 그렇게 생각하지 않습니다. 진노래기벌의 경우를 생각해 보십시오. 진노래기벌은 여러 종류의 비단벌레를 잡습니다. 이것은 비단벌레의 영양분이 비슷비슷하다는 것을 나타냅니다. 바구미도 마찬가지입니다. 중요한 것은 영양이 아닙니다. 짧은 시간에 얼마나 더 많은 양의 먹이를 잡을 수 있는가의 문제인 것입니다.

그렇게 생각하면 혹노래기벌이 넉점길쭉바구미만 잡는 이유를 짐작할 수 있습니다. 혹노래기벌의 애벌레는 다른 노래기벌의 애벌레보다 몸집도 크고 식욕도 왕성합니다. 그리고 넉점길쭉바구미는 이 지역의 바구미 중에서 가장 몸집이 크고 수도 많은 곤충입니다. 그러니 혹노래기벌에게 이보다 더 안성맞춤인 먹이는 없을 것입니다.

노래기벌 벌집에서 발견한 비단벌레

그렇다면 다른 노래기벌은 어떨까요? 노래기벌에는 진노래기벌과 혹노래기벌 말고도 여러 종류가 있습니다. 그중에는 다른 벌을 사냥하는 노래기벌도 있습니다. 이런 녀석을 제외하면, 다른 종류의 곤충을 잡는 노래기벌은 이 지역에만 8종류가 있습니다. 그중 7종류의 노래기벌이 바구미를, 나머지 한 종류의 노래기벌이 비단벌레를 사냥합니다.

벌은 타고난 지혜와 본능으로 아주 현명하게 먹이를 선택하고 있는 것입니다.

> ### 박물학과 박물지
>
> 동물과 식물, 철이나 금 같은 광물의 종류와 성질, 분포, 생태에 대해 연구하는 학문을 '박물학'이라고 불러요. 그리고 박물학에 기초하여 자연의 물질과 현상을 기록한 책을 '박물지'라고 해요. 동물과 식물, 광물은 오래전부터 우리와 함께했고, 꼭 필요한 요소로서 박물학과 박물지는 고대부터 중요하게 여겨졌어요. 고대 박물지의 대표적인 예로는 아리스토텔레스의 『동물지』를 들 수 있어요. 후에 박물학은 생물학, 동물학, 식물학, 광물학, 지질학의 분야로 나뉘어 발달하였어요. 곤충을 연구한 파브르의 『곤충기』도 박물지의 한 종류로 볼 수 있어요.

나는 혹노래기벌의 현명함을 알 수 있는 실험을 더 해 보기로 했습니다. 자고로 과학적인 사실은 여러 가지 실험으로 그것을 증명해 낼 때 비로소 인정받을 수 있는 법입니다.

실험 방법은 아주 간단했습니다. 바늘이나 뾰족한 금속 펜 끝에 암모니아를 묻힌 뒤 벌레의 앞가슴 관절을 찌르는 것입니다. 실험 결과, 신경 마디가 한 곳에 모여 있는 곤충과 그렇지 않은 곤충의 반응은 아주 달랐습니다.

신경 마디가 모여 있는 쇠똥구리와 비단벌레, 바구미는 단 한 방울의 암모니아만으로도 몸을 움직이지 못했습니다. 몸집이 큰 왕쇠똥구리도 눈 깜짝할 사이에 움직일 수 없게 되었습니다. 그뿐만이 아니었습니다. 이 곤충들은 한 달, 두 달이 지나도 살아 있는 것처

럼 여전히 몸이 부드러웠습니다. 내장도 싱싱했습니다. 처음 일주일 동안은 똥도 누었고, 전류를 흘려 보내면 다리를 움찔거렸습니다. 혹노래기벌에게 잡혔던 바구미와 똑같은 모습이었습니다.

내가 항상 이렇게 곤충을 성공적으로 마취할 수 있었던 것은 아닙니다. 암모니아를 너무 많이 주사하거나, 너무 깊게 찌른 적도 많았습니다. 그러면 그 곤충은 그대로 죽어 2~3일 뒤에 썩고 말았지요. 그렇다고 암모니아를 너무 적게 주입하면 금세 마취가 풀려 다리를 움직이기 시작합니다. 그러니 적당한 양의 암모니아를 주사해 주어야만 합니다.

한편, 신경 마디가 떨어져 있는 딱정벌레, 하늘소와 같은 곤충들은 전혀 다른 반응을 보였습니다. 딱정벌레와 하늘소는 암모니아가 주입된 그 순간에는 몸을 바르르 떨었지만 곧 아무 일도 없었다는 듯 태연하게 움직였습니다. 그중 가장 강한 저항력을 보인 것은 방석딱정벌레입니다. 커다란 왕쇠똥구리조차 한 방에 마취시켰던 암모니아 주사도 방석딱정벌레에게는 아무런 효력이 없었습니다.

하늘소는 암모니아에 대한 저항력이 비교적 약했습니다.

암모니아 주사를 맞은 하늘소는 몸을 바르르 떨더니 이내 움직이지 못하게 되었습니다. 만약 비단벌레와 바구미였다면 이 상태가 지속되었을 것입니다. 그러나 하늘소는 잠시 후 마취가 풀리고 언제 그랬냐는 듯 활발하게 돌아다니기 시작했습니다.

같은 곤충에게 여러 번 주사를 놓았지만 결과는 마찬가지였습니다. 오히려 곤충을 움직이지 못하게 한답시고 암모니아를 많이 사용했더니 죽어 버리고 말았습니다. 그리고 금세 썩고 말았습니다.

이처럼 암모니아 주사는 신경 마디가 모여 있는 곤충에 한하여 아주 효과적이었습니다.

노래기벌은 생리학과 해부학을 훤히 아는 사람처럼 비단벌레와 바구미만을 사냥했습니다. 이것은 우연이 아닙니다. 노래기벌은 타고난 본능으로 이런 사실을 알고 있는 것입니다. 말 그대로 자연의 신비라 할 수 있습니다.

앞서 내가 프랑스 아카데미에서 상을 받았던 논문은 바로 이 연구 결과를 정리한 것입니다. 노래기벌의 침은 뒤프레가 주장한 것처럼 방부제가 들어 있는 게 아니라, 바로 마취총이었다는 내용도 포함하고 있습니다. 그러나 뒤프레는 자신을 비판한 나를 다정하게 응원해 주었습니다. 그때 뒤프레에게 받았던 편지를 생각하면, 세월이 지난 지금도 감격의 눈물이 흐를 것만 같습니다.

곤충의 더듬이

곤충에 따라 더듬이의 모양은 다르지만 대부분 두 개의 잘 발달된 더듬이를 가졌어요. 곤충의 더듬이는 매우 중요한 일을 하기 때문에 없어서는 안 돼요. 더듬이는 소리를 느끼거나 맛을 구별하고 방향을 감지하거나 냄새를 맡아요. 모기는 더듬이로 소리를 느끼고, 바퀴벌레는 더듬이를 이용해서 이리저리 돌아다녀요. 또한 개미는 먹이를 발견했을 때 더듬이로 맛을 구별해요. 다시 말해, 곤충의 더듬이는 사람의 눈, 귀, 입의 역할을 하는 거예요.

들판의 청소부
쇠똥구리

쇠똥구리의
똥 경단 만들기

여기 노새의 똥이 한 무더기 있습니다. 똥 주위에는 아주 많은 **똥풍뎅이**들이 모여 있습니다. 화단에 핀 향기 좋은 꽃잎만 가까이해서는 절대 이들을 만날 수 없습니다. 가끔은 이렇게 노새가 눈 똥도 바라볼 줄 알아야 합니다.

"똥은 더럽잖아요. 왜 그런 것을 보아야 하지요?"

누군가는 이렇게 물을 수도 있습니다. 우리는 자연을 향해 아름답다거나 못났다거나 깨끗하다거나 더럽다고 이야기합니다. 그러나 이것은 어디까지나 우리의 생각일 뿐 자연에게 이런 이야기는 아무런 의미가 없습니다.

자연 속의 모든 것은 그 자체로 충분한 가치를 지니며 조화를 이루고 있습니다. 더러운 똥도 마찬가지입니다. 자연은 더러운 오물로 꽃을 피우고, 약간의 거름만으로도 아주 질 좋은 밀을 키워 냅니다.

풍뎅이들은 모두 각자의 몫을 차지하려고 아주 열심입니다. 똥의 표면을 긁는 놈도 있고, 깊숙이 구멍을 파 마음에 드는 부분을 찾는 녀석도 있습니다. 어떤 녀석은 똥 아래의 흙을 파서 자기 몫의 똥을 묻어 두려고 합니다. 작은 풍뎅이들은 힘센 풍뎅이 무리가 떨어뜨린 똥 부스러기들을 모으느라 정신이 없습니다.

캘리포니아의 어느 광산에서 금을 캐는 사람들도 이 풍뎅이들만큼 열심히 일하지는 않을 것입니다. 그도 그럴 것이, 신선한 새 똥을 발견하는 것은 좀처럼 쉬운 일이 아니기 때문입니다. 그러니 똥을 찾았을 때 가능한 한 많이 모아 창고에 저장해 두어야 합니다.

저기서 똥 냄새를 맡고 다가오는 곤충은 누구일까요? 너무 늦은 건 아닌가 하고 걱정스러운 듯이 종종걸음으로 다가옵니다. 긴 다리를 움직이는 모습은 어딘가 어색한 것이, 꼭 용수철로 걷는 듯합니다. 갈색의 작은 더듬이는 무엇을 찾고 있는지 부채 모양으로 활짝 펼쳐

똥풍뎅이
몸길이가 5~6밀리미터이며 몸 색깔은 광택이 있는 검은색이거나 황갈색인 딱정벌레목의 풍뎅이과 곤충. 이마에 세 개의 혹이 있다. 등판에 점무늬가 있으며 짐승의 똥을 먹고 산다.

쇠똥구리란?

쇠똥구리는 곤충강 딱정벌레목 풍뎅이과에 속하는 동물이에요. 몸길이는 약 16밀리미터이며, 우리나라와 중국 등 동부 아시아와 유럽 등지에 분포하고 있어요. 쇠똥구리의 몸은 편편한 타원형이고, 검은색으로 광택이 나요. 머리와 머리 방패는 넓적한 마름모 모양이에요. 쇠똥구리는 여름철에 쇠똥이나 말똥 같은 동물의 배설물을 굴려 굴속에 저장하고, 그 안에 알을 낳아 키워요. 쇠똥구리가 동물의 배설물을 먹어 치우는 습성은 자연을 청소해 주기 때문에 생태계의 보존에 매우 유용해요. 우리나라에서는 쇠똥구리가 1967년 이후 자취를 감추기 시작하여 보호종으로 지정해 놓았어요.

져 있습니다.

새까만 옷을 잘 차려입은 이 곤충은 바로 쇠똥구리입니다. 프랑스의 풍뎅이 무리 중에서 가장 크고 유명한 곤충입니다. 사실 풍뎅이는 곤충 채집을 하는 사람들에게 인기가 많습니다. 보기 좋게 통통한 몸매와 깔끔한 옷차림, 머리와 가슴의 기묘한 생김새를 보면 어쩌면 당연한 일인지 모릅니다.

그래봤자 더러운 똥을 먹는 곤충 아니냐고요? 쇠똥구리는 벌목 곤충과 함께 애벌레를 잘 보살피는 곤충 중 하나입니다.

대부분의 곤충은 애벌레를 돌보지 않습니다. 일단 낳으면 애벌레가 알아서 자라도록 내버려 두는 편입니다. 반면, 대표적인 벌목 곤충인 벌은 애벌레를 위해 무엇을 해야 하는지 잘 알고 있습니다. 벌은 힘

벌목
날개가 막으로 되어 투명한 곤충의 한 종류. 완전 탈바꿈을 하며, 독침이 있다. 개미벌, 꿀벌, 송곳벌 등이 벌목에 속한다.

동물의 배설물을 뒤지는 쇠똥구리

닿는 데까지 애벌레를 보살핍니다. 애벌레가 잘 지낼 수 있도록 정성껏 집을 짓고, 흙을 반죽하여 벽을 손질합니다. 그뿐만이 아닙니다. 행여나 깨어난 애벌레가 배가 고플까 봐 먹이를 사냥하여 넣어 줍니다. 신선한 먹이를 먹을 수 있도록 하나하나 마취까지 해서 말입니다.

쇠똥구리 역시 마찬가지입니다. 쇠똥구리는 자신의 먹이는 대충 만들지만, 애벌레가 먹을 똥 경단은 아주 정성껏 만듭니다. 심지어 경단의 재료가 되는 똥까지 아주 신중하게 선

주둥이로 똥을 떼어 내고 씨앗이나 이물질을 골라내는 쇠똥구리

택합니다. 사실 쇠똥구리가 집을 짓는 것은 그 안에 애벌레를 낳아 잘 지키기 위해서입니다.

이렇게 새끼를 위해 애쓰는 어미 곤충들을 보면 이런 생각이 듭니다.

'모성이란 참 대단하구나.'

그럼, 지금부터 쇠똥구리가 어떻게 경단을 만드는지 함께 살펴보겠습니다.

쇠똥구리는 똥을 굴려서 경단을 빚습니다. 이 경단은 쇠똥구리에게 중요한 먹이입니다. 쇠똥구리는 주둥이로 똥 덩어리를 파냅니다. 주둥이에는 여섯 개 정도의 톱니가 달려 있어 똥을 파거나 잘게 부술 수 있습니다. 쇠똥구리는 똥의 맛없는 섬유질 부분은 파내고, 좀 더 기름지고 맛있는 부분을 골라 넓적한 앞다리로 끌어 모읍니다.

활 모양으로 구부러져 있는 앞다리의 바깥쪽에는 튼튼한 톱니 같은 것이 다섯 개 달려 있습니다. 이것은 방해물을 제거하거나 똥 속에서 길을 낼 때 아주 유용합니다. 앞다리를 양쪽으로 벌리고 톱니 모양의 주둥이로 한 번 휘저으면 장애물은 금세 사라져 버립니다.

쇠똥구리는 모은 똥 한 아름을 배 아래쪽으로 보냅니다. 쇠똥구리의 가운뎃다리와 뒷다리는 꼭 도르래 같이 생겼습니다. 특히 뒷다리는 길고, 미끈하고, 날카로운 발톱이 달려 있어서 똥을 붙들고 있기에 아주 적합합니다.

쇠똥구리는 뒷다리로 똥 덩어리를 붙잡은 뒤, 둥글둥글한 경단 모양이 되도록 빚기 시작했습니다. 그러면 어느덧 똥은 쇠똥구리의 가운뎃다리와 뒷다리 사이에서 빙빙 굴려지면서 둥그스름한 모양을 띠게 됩니다. 쇠똥구리는 가끔씩 모양이 잘 만들어졌는지 확인을 합니다. 그리고 뒷다리로 더욱 둥글둥글하게 경단을 고쳐 나갑니다. 이처럼 뒷다리는 경단을 완성하는 데 아주 중요한 역할을 합니다. 만약, 다 만든 경단이 끈기가 없어서 금방 바스라질 것 같으면, 앞다리로 단단하게 잘 다져 줍니다. 빈틈이 보이면 지푸라기 조각을 집어넣어 메워 주기도 합니다.

 이렇게 해서 쇠똥구리는 호두만한 크기의 경단을 완성합니다. 이제 남은 일은 경단을 아무도 없는 곳으로 가져가서 맛있게 먹는 것뿐입니다.

 똥 경단을 옮기는 쇠똥구리의 모습은 특이합니다. 쇠똥구리는 갑자기 물구나무를 섰습니다. 머리는 아래로 하고 엉덩이는 위로 쳐든 채, 뒷걸음질을 치며 경단을 밀어 올리기 시작했습니다. 두 개의 긴 뒷다리로 경단을 껴안고, 발톱으로 찔러서 힘 있게 굴리는 것입니다. 그리고 앞다리로 몸을 지탱하면서 땅을 밀어서 앞으로 나아갈 수 있게 합니다. 뒷다리로는 계속 움직이면서 경단을 껴안는 위치를 바꾸기 때문에 땅이 울퉁불퉁해도 좀처럼 균형을 잃는 법이 없습니다.
 쇠똥구리는 정말 대단한 곤충입니다. 경단을 굴리며 앞으로 나아가는 쇠똥구리의 모습은 언제 봐도 감탄이 절로 나옵니다.

이제, 쇠똥구리는 경사진 언덕을 가로질러 갑니다. 자칫 발 하나만 미끄러져도, 몸이 아주 살짝만 옆으로 기울어져도 금세 경단은 굴러 떨어지고 말 것입니다.

아니나 다를까, 경단이 언덕 아래로 데굴데굴 떨어져 버리고 말았습니다. 그 바람에 쇠똥구리의 몸까지 함께 뒤집혀 다리를 버둥거립니다.

그러나 쇠똥구리는 절대 포기하지 않습니다. 오뚝이처럼 벌떡 몸을 뒤집더니 경단을 향해 달려갔습니다. 그리고 아까보다 더 열심히 다리를 움직이며 경단을 언덕 위로 밀어 올렸습니다.

'왜 굳이 언덕으로 올라가는 걸까? 저기 저 평평한 길로 가면 훨씬 쉬울 텐데. 힘도 덜 들고 경단도 무리 없이 굴릴 수

시시포스 신화

'시시포스'는 그리스 신화에 나오는 코린토스의 왕이에요. 그리스 신화 속에 등장하는 인간 중에서 교활하고 영악한 인물로 꼽히는 시시포스는 종종 신들마저 감쪽같이 속였어요. 그 결과, 신들을 기만한 죄로 시시포스는 죽은 뒤에 큰 바위를 산꼭대기에 밀어 올리는 형벌을 받았어요. 그렇지만 바위는 산꼭대기 근처에 다다르면 다시 아래로 굴러 떨어졌고, 시시포스는 영원히 형벌을 되풀이하게 되었어요. 신들은 이로울 것도, 희망도 없는 노동보다 더 무서운 형벌은 없다고 생각했던 거예요.

똥 경단을 만들고 운반하는 일을 도맡아 하는 수컷 쇠똥구리

있을 거야.'

나는 안타까운 마음에 쇠똥구리가 평평한 길로 가기를 바랐습니다. 그러나 쇠똥구리는 나의 마음도 모른 채, 꿋꿋이 언덕을 올라갈 뿐입니다. 설마 쇠똥구리는 높은 곳으로 올라가는 것을 좋아하는 것일까요? 나는 잘 모르겠습니다. 어쩌면 지금 쇠똥구리는 이렇게 생각하고 있는지도 모릅니다.

'일단 언덕 위까지 올라가면 그 다음부터는 편하게 갈 수 있을 거야.'

정말이지 황소고집이 따로 없습니다. 쇠똥구리는 그리스 신화에 나오는 시시포스처럼 경단을 열심히 밀어 올렸습니다. 주의를 기울여 아주 조심히 경단을 굴려서, 마침내 쇠똥구리는 언덕 중반까지 올라오는 데 성공했습니다.

그때였습니다. 발에 무언가 걸렸는지 쇠똥구리가 잠시 멈추어 섰습니다. 아무래도 잔디 뿌리에 발이 걸린 모양입니다. 아주 짧은 시간이었지만 경단은 또 다시 언덕 아래로 굴러 떨어지고 말았습니다. 여태껏 노력한 것이 물거품이 된 것입니다. 그러나 쇠똥구리는 다시 언덕을 올랐습니다. 경단이 아래로 굴러 떨어질 때마다 계속 다시 시작했습니다. 이번에는 잔디 뿌리를 피해서 조심조심 언덕을 올랐습니다.

'이제 얼마 안 남았구나. 곧 언덕 위에 도착할 수 있겠어. 조심해, 조금이라도 실수했다간 모든 게 엉망이 되고 말 거야. 이런, 또 돌 위에서 미끄러졌구나!'

어느새 나는 마음속으로 쇠똥구리를 응원하고 있었습니다.

쇠똥구리는 그 후로도 여러 번 떨어졌지만 몇 번이든 실패해도 상관없다는 듯 굳센 의지로 언덕을 오르고 또 올랐습니다. 반드시 해내고 말겠다는 듯 말입니다.

도둑질의 명수, 쇠똥구리

 쇠똥구리가 항상 경단을 혼자서 굴리는 것은 아닙니다. 가끔은 경단을 굴리는 쇠똥구리 곁으로 다른 쇠똥구리가 와서 도와주기도 합니다.

 경단을 다 만든 쇠똥구리가 다른 곳으로 옮기려는 낌새를 보이면, 이제 막 경단을 만들려던 쇠똥구리는 자신의 일을 내팽개치고 일손을 보탭니다. 경단을 만든 주인 쇠똥구리는 갑자기 찾아온 이 쇠똥구리를 내치지 않습니다. 이렇게 해서 두 마리가 함께 힘을 합쳐서 경단을 안전한 곳까지 밀고 가는 것입니다.

 두 쇠똥구리는 똥 더미에서 경단을 반씩 나누기로 약속을 해 둔 것일까요? 아니면 서로 힘을 모아 똥 경단을 만든 것일까요? 예를 들면, 한 마리는 똥을 반죽하고, 그동안 다른 한 마리는 좋은 재료를 찾아오는 것처럼 말입니다.

그러나 나는 쇠똥구리가 다른 녀석과 함께 경단 만드는 것을 본 적이 없습니다. 쇠똥구리는 그저 각자 자기 몫의 경단을 열심히 만들 뿐입니다. 그런데 왜 경단 옮기는 일을 도와주는 것일까요? 그래 봤자 나중에 온 쇠똥구리에게는 경단을 먹을 권리도 없는데 말입니다. 혹시 이 녀석들이 암컷과 수컷이라 함께 가정을 꾸리려는 것일까요?

나는 이 궁금증을 풀고 싶었습니다. 그래서 경단을 운반하던 두 마리의 쇠똥구리를 잡아 해부해 보았습니다. 쇠똥구리는 겉으로만 봐서는 좀처럼 암수 구별을 할 수 없기 때문입니다. 그 결과 암컷은 암컷끼리, 수컷은 수컷끼리 다니고 있었습니다. 그렇다고 이들이 가족이거나 동료인 것도 아니었습니다. 그렇다면 경단을 함께 옮기는 이유는 도대체 무엇일까요?

그렇습니다. 이것은 쇠똥구리의 비밀 작전입니다. 도와주러 온 쇠똥구리는 경단을 만든 주인 쇠똥구리의 기분을 좋게 해 주다가 기회가 생기면 냉큼 경단을 가로채려는 것입니다. 사실 똥으로 경단을 만드는 것은 피곤하고 지치는 일

똥 경단 위에 올라가 길을 확인하는 쇠똥구리

입니다. 경단이 둥글둥글하게 될 때까지 빚으려면 인내심이 필요합니다. 그래서 쇠똥구리는 다른 녀석이 만들어 놓은 경단을 빼앗으려는 것입니다. 그러면 고생하지 않고 먹이를 편하게 먹을 수 있을 테니 말입니다.

쇠똥구리 한 마리가 경단을 굴리고 있었습니다. 방금 전까지 힘들게 일해서 만든 것입니다. 그때 다른 쇠똥구리가 도와주겠다고 찾아옵니다. 주인은 마지못해 쇠똥구리의 도움을 받아들입니다. 괜히 거절했다가 생트집이라도 잡히면 곤란하기 때문입니다.

이때 경단을 운반하는 두 마리 쇠똥구리의 모습은 정반대입니다. 주인은 물구나무를 서서 뒤로 경단을 굴립니다. 두 다리를 높이 들고, 머리는 아래쪽으로 한 뒤 열심히 뒷걸음질 치며 경단을 밉니다. 반면, 도와주는 쇠똥구리는 일어선 채로 경단을 앞에서 당기고 있습니다. 앞다리는 경단 위에 얹고, 뒷다리는 땅에 댄 상태입니다.

경단은 이 두 마리의 쇠똥구리 사이에서 밀리고 당겨지며 앞으로 나아갔습니다. 그러나 두 쇠똥구리의 호흡은 잘 맞지 않습니다. 주인은 물구나무를 서서 뒤로 경단을 굴리느라 앞을 볼 수 없습니다. 도와주는 쇠똥구리는 앞에서 경단을 당기면서 가느라 주인의 사정을 알 리가 없습니다. 쇠똥구리 두 마리는 서로 박자가 맞지 않아 다리가 꼬여서 몇 번이고 헛걸음질을 하고 말았습니다.

특히, 평지에서는 아예 주인 쇠똥구리 혼자서 경단을 미는 편이 훨씬 빠를 것만 같았습니다. 그러자 도와주는 쇠똥구리가 아예 일손을 거두었습니다. 주인이 혼자 경단을 수월하게 굴릴 수 있도록 해 주는 것입니다. 물론 도와주는 쇠똥구리가 경단 곁을 떠나는 법은 절대로 없습니다. 이 쇠똥구리는 다리를 배 아래쪽에 집어넣고 경단에 찰싹 달라붙어 있습니다.

주인 쇠똥구리 혼자 경단을 밀고 있습니다. 경단이 움직일 때마다 달라붙어 있던 쇠똥구리의 몸도 함께 구릅니다. 등이 땅에 닿을 때마다 아플 법도 한데 달라붙은 쇠똥구리는 꼼짝도 하지 않습니다. 이대로 경단을 포기하고 떠나 버리면 경단을 훔칠 기회도 사라지기 때문입니다.

이렇게 얼마쯤 갔을까요? 쇠똥구리들의 눈앞에 험한 언

함께 똥 경단을 굴리는 쇠똥구리

덕길이 나타났습니다. 이제 도와주러 온 쇠똥구리에게도 할 일이 생겼습니다. 이 쇠똥구리가 언덕길의 위쪽에 서서 경단을 앞다리로 꽉 눌러 굴러가지 않도록 고정해 주어야 합니다. 그러면 주인은 경단을 마음 놓고 위쪽으로 밀어 올릴 수 있습니다.

나는 두 마리의 쇠똥구리가 힘을 합쳐 언덕길을 올라가는 것을 여러 번 보았습니다. 그러나 모든 쇠똥구리가 주인을 도와주는 것은 아닙니다. 바로 이 쇠똥구리가 그렇습니다. 주인 쇠똥구리에게 가장 도움이 절실한 언덕길이지만, 경단에 딱 달라붙어서는 주인이 고생하는 모습을 나 몰라라 하고 있습니다.

아마 쇠똥구리는 이렇게 생각했을 것입니다.

'주인 녀석은 도대체 왜 이렇게 느린 거야? 나는 빨리 경단을 훔치고 싶다고!'

마침내 언덕길을 올라 알맞은 땅을 발견한 쇠똥구리는 구멍을 파기 시작했습니다. 경단을 맛있게 먹을 식당을 만들기 위해서였습니다. 주인은 땅 파는 일에 열심이었지만, 도와주러 온 쇠똥구리는 그저 경단 옆에 가만히 있습니다.

주인은 투구와 앞다리를 사용하여 땅을 팠습니다. 그리고 파낸 흙을 한 아름씩 안아 바깥에 버렸습니다. 그때마다 경단을 쳐다보며 잘 있는지 확인하는 것도 잊지 않습니다. 경단이 멀쩡한 것을 확인하면 다시 힘을 내어 구멍을 파기 시작했습니다. 주인을 안심시키려는 것일까요? 도와주러 온 쇠똥구리는 주인이 나타날 때마다 경단 위에서 시치미를 뚝 떼고 있습니다.

어느새 구멍은 점점 깊어져서 주인 쇠똥구리의 모습이 잘 보이지 않게 되었습니다. 땅 위로 올라와 경단을 확인하는 횟수도 줄어들었습니다.

'바로 지금이야! 주인 녀석이 오기 전에 어서 경단을 가지고 도망치자.'

순간, 도와주러 왔던 쇠똥구리가 경단을 빼앗아 달아났습니다. 잠시 후에 구멍 위로 올라온 주인은 여느 때처럼 경단이 있는 곳을 바라보았습니다. 그런데 이게 웬일일까요? 경단은 온데간데없었습니다. 도와주러 왔던 쇠똥구리도 함께

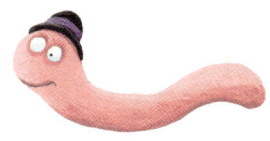

사라져 버렸습니다.

'그래, 그 녀석이 훔쳐 간 거구나!'

이런 경험이 꽤 많은 것일까요? 주인 쇠똥구리는 바로 경단을 도둑맞았다는 사실을 눈치챘습니다. 그리고 당황하지 않고 도둑의 뒤를 쫓기 시작했습니다. 경단이 굴러간 흔적과 냄새를 통해 도둑의 발자취를 찾아내는 것입니다.

한편, 도둑 쇠똥구리는 아직 멀리 가지 못했습니다. 저 멀리 주인이 나타난 것을 본 도둑 쇠똥구리는 재빨리 경단에서 내려왔습니다. 그리고 경단 옮기는 것을 도와줄 때처럼 뒷다리로 땅을 지탱하고 경단을 꼭 껴안았습니다. 마치 경단이 다른 곳으로 굴러가서 다시 가져다주려는 모습처럼 보였습니다.

도둑 쇠똥구리는 주인에게 이렇게 말하는 듯했습니다.

'이것 봐, 나는 네 경단을 다시 가져다주려 한 거야.'

"저건 거짓말이야, 속지 마! 저 녀석은 네 경단을 훔치려고 했단 말이야."

나의 안타까운 외침에도 불구하고 경단 주인은 금세 속아 넘어갔습니다. 아무래도 주인 쇠똥구리는 좀 어수룩한 면이 있나 봅니다. 이리하여 두 마리의 쇠똥구리는 아무 일도 없었던 것처럼 다시 경단을 구멍 입구로 옮겼습니다.

그러나 이렇게 포기할 도둑이 아닙니다. 호시탐탐 기회를 노리던 도둑 쇠똥구리는 급기야 다시 경단을 훔쳐 도망치고 맙니다. 이제 구멍도 파 놓았겠다, 모든 준비가 끝난 주인 쇠똥구리는 경단을 도둑맞아 버린 것입니다.

똥 경단을 차지하기 위해 싸우는 쇠똥구리

이런 일을 당하면 천하의 쇠똥구리라도 기가 죽을 만합니다. 그런데 쇠똥구리는 금세 툭툭 털고 일어납니다. 그리고 똥 덩어리로 향합니다. 다시 경단을 빚으려는 것입니다.

이런 경우도 있었습니다. 쇠똥구리가 경단을 한창 옮기고 있는 중에 다른 쇠똥구리가 오더니, 톱니처럼 생긴 앞다리로 주인을 '퍽!' 하고 때렸습니다. 경단을 옮기느라 거꾸로 서 있던 주인은 그대로 몸이 뒤집혀 버리고 말았습니다.

주인 쇠똥구리가 손발을 버둥거리다 겨우 몸을 일으켜 보니 글쎄, 도둑 쇠똥구리가 경단 위에서 기세등등하게 버티고 있는 것입니다. 주인 쇠똥구리는 도둑의 허점을 노리며 경단 주위를 빙빙 돌았습니다. 뙤약볕 아래에서 땀을 뻘뻘 흘리며 만든 경단입니다. 이렇게 허무하게 뺏길 수는 없었습니다. 그러나 아무래도 경단 위에서 내려다보는 도둑 쇠똥구리가 더 유리했습니다. 주인이 경단으로 기어오르려 할 때마다 도둑은 앞다리를 뻗어 상대를 내동댕이쳤습니다.

결국, 주인 쇠똥구리는 최후의 방법을 쓰기로 했습니다. 다 만들어 놓은 경단의 속을 파내어 공격한 것입니다. 경단이 흔들리자 도둑도 굴러 떨어지고 말았습니다. 도둑은 재빨리 경단 위로 다시 기어 올라가려 했습니다. 그러나 균형을 잡지 못해 마침내는 경단에서 떨어지고 말았습니다.

이제 공평한 위치에 선 주인과 도둑은 서로 싸우기 시작했습니다. 두 쇠똥구리의 투구가 부딪칠 때마다 금속에 줄질을 하는 것 같은 날카로운 소리가 울렸습니다. 상대를 먼저 뒤집고 경단을 차지하는 쪽이 승자가 되는 것입니다.

마침내 기나긴 싸움이 끝났습니다. 싸움에서 이긴 것은 바로 도둑 쇠똥구리였습니다. 도둑은, 주인이 다시 올세라 재빨리 경단을 굴리기 시작했습니다. 자신이 힘겹게 만든 경단이 사라지는 것을 본 주인은 똥 덩어리를 찾아 떠났습니다. 다시 경단을 만들기 위해서입니다.

한편, 도둑 쇠똥구리는 경단을 굴리며 알맞은 장소를 찾고 있습니다. 그런데 이때, 또 다른 도둑이 나타나 도둑 쇠똥구리에게 공격을 퍼붓기 시작했습니다. 결국 첫 번째 도둑은 두 번째 도둑에게 경단을 빼앗기고 맙니다.

나는 경단을 빼앗긴 도둑 쇠똥구리를 보며 생각했습니다.

'남이 열심히 일한 것을 훔치더니 너도 똑같은 신세가 되었구나.'

곤충의 분류

곤충 분류학으로 보았을 때 절지동물 중에서도 '곤충강'에 속하는 곤충은 날개가 있는지 없는지, 자라면서 탈바꿈을 하는지 하지 않는지에 따라 몇 가지로 나뉘어요. 먼저, 날개가 없는 곤충은 '무시아강', 날개가 있는 곤충은 '유시아강'에 속해요. 무시아강은 날개가 없을 뿐만 아니라 자라면서 모습을 바꾸지 않는 곤충으로 톡토기, 낫발이, 좀붙이, 좀 등이 있어요. 날개가 있는 곤충류인 유시아강은 다시 세 가지로 나뉘는데, 완전탈바꿈을 하는 곤충을 '내시류', 불완전탈바꿈을 하는 곤충을 '외시류', 날개를 뒤로 접어 몸의 옆구리에 붙일 수 없는 곤충을 '고시류'라고 해요. 내시류 곤충에는 나비, 벌, 딱정벌레, 벼룩, 파리 등이 있고, 외시류 곤충에는 매미, 메뚜기, 사마귀, 바퀴벌레 등이 있으며, 고시류 곤충에는 잠자리와 하루살이 등이 있어요.

동물 문학

파브르의 『곤충기』와 같은 작품은 문학 중에서도 '동물 문학'으로 분류해요. 동물 문학이란 인간이 중심이 되는 다른 문학과 달리 자연 속 동물의 세계를 있는 그대로 묘사하려는 문학을 말해요. 그래서 동물 문학은 동물이 중심이 되며, 동물의 생태를 연구한 자료가 많은 도움이 됩니다. 파브르의 『곤충기』 외의 동물 문학의 대표작으로는 어니스트 시턴의 『동물기』, 잭 런던의 『황야의 부르짖음』, 발데마르 본젤스의 『꿀벌 마야의 모험』 등이 있어요.

쇠똥구리들은 상대가 만든 경단을 빼앗기 위해 도둑질을 하며 싸웁니다. 나는 쇠똥구리가 왜 남의 경단을 빼앗는지 자세히 연구해 보고 싶었지만, 아직은 자료가 많이 부족했습니다. 다만 확실한 것은 이런 도둑질이 쇠똥구리의 습성 중 하나라는 것입니다. 남의 경단을 서슴지 않고 빼앗는 이 뻔뻔함은 다른 곤충에게서는 도저히 찾아볼 수 없습니다.

만약 주인 쇠똥구리가 경단을 도둑맞지 않았다면 상황은 어땠을까요? 주인 쇠똥구리는 바슬바슬한 흙을 골라 구멍을 팝니다. 구멍 속에는 경단이 지나갈 만한 좁은 통로가 있습니다. 이 통로는 바깥과 이어져 있습니다. 쇠똥구리는 구멍에 경단을 집어넣은 뒤 흙으로 입구를 막아 버립니다. 다른 놈들이 경단을 알아챌 수 없게 하는 것입니다. 일단 문이 닫히고 나면 안에서 무슨 일이 일어나는지 밖에서는 절대로 알 수 없습니다.

경단을 무사히 구멍 속으로 옮긴 쇠똥구리는 기쁨에 가득 차 있습니다. 아마도 쇠똥구리에게는 지금이 가장 행복한 순간일 것입니다. 흙으로 된 벽은 햇볕을 막아 주고, 습기를 적당히 유지해 줍니다. 무엇보다 쇠똥구리에게 즐거운 일은 눈앞에 맛있는 경단이 놓여 있다는 것입니다. 주위는 조용하고, 가끔씩 밖에서 귀뚜라미의 합창이 들려오고 있습니다. 쇠똥구리의 가슴은 점점 벅차오릅니다.

쇠똥구리에게는 미안하지만, 나는 구멍 속을 관찰해 보기로 했습니다. 구멍 안에서 어떤 일이 일어나고 있는지 꼭 알고 싶었습니다.

쇠똥구리의 즐거운 식사

나는 쇠똥구리의 구멍 안을 들여다보았습니다. 구멍 안은 경단으로 꽉 차 있습니다. 흙벽과 경단 사이에는 아주 좁은 길이 나 있습니다. 바로 이곳에 쇠똥구리가 자리를 잡고 있습니다. 쇠똥구리는 일단 한 번 자리를 잡고 나면 절대로 움직이지 않습니다. 모든 힘은 경단을 먹고 소화하는 데 쓸 뿐입니다.

자리를 잡은 쇠똥구리는 밤낮으로 쉬지 않고 경단을 먹어 치웠습니다. 경단을 다 먹을 때까지 결코 쉬는 법이 없습니다. 준비한 경단을 다 먹어 치우고 나면 다시 땅 위로 올라가 경단을 만들어 다시 운반해 왔습니다. 그리고 또 경단을 먹어 치웁니다.

몹시 무더운 어느 날이었습니다. 이런 날에는 쇠똥구리의 식욕이 아주 활발해집니다. 나는 쇠똥구리가 얼마나 먹는지 조사해 보기로 했습니다. 그래서 한 마리의 쇠똥구리를 골라 오전 8시부터 오후 8시까지 관찰해 보았습니다.

언제는 안 그랬겠습니까만, 오늘 음식은 유독 쇠똥구리의 입에 잘 맞는 모양입니다. 쇠똥구리는 무려 12시간 동안이나 한곳에서 쉴 새 없이 경단을 먹었습니다. 오후 8시가 되자 나는 마지막 관찰을 하러 갔습니다. 쇠똥구리는 아직도 얼마든지 경단을 더 먹을 수 있을 것처럼 보였습니다. 다음 날 아침에 가 보니 쇠똥구리는 이미 사라지고 없었습니다. 거기에는 경단을 다 먹고 남은 부스러기만 조금 남아 있었습니다.

쇠똥구리가 한 번 식사하는 데는 무려 반나절이나 걸렸습니다. 이것만 봐도 이 곤충이 정말 대식가라는 사실을 알 수 있습니다. 쇠똥구리는 소화하는 속도도 엄청 빠릅니다. 경단을 먹기 시작하자마자 엉덩이에서 검은 실 같은 똥이 나오기 시작했던 것입니다. 쇠똥구리가 경단을 다 먹고 나자 똥도 멈추었습니다. 검은 똥은 돌돌 감겨 산처럼 쌓여 있었는데, 마르기 전에는 이것을 풀어 길게 늘일 수 있습니다.

나는 쇠똥구리의 똥을 핀셋으로 자른 뒤 길이를 재어 보았습니다. 쇠똥구리는 시계처럼 아주 일정하게 시간을 맞추어 검은 실을 만들고 있었습니다. 쇠똥구리가 눈 똥의 길이는 약 54초마다 3~4밀리미터 정도였습니다. 이 쇠똥구리가 식사한 시간이 12시간 이상이었으니, 밥을 한 번 먹는 데 무려 3미터나 되는 똥을 눈 것입니다.

이번에는 실의 양을 알아보기 위해 쇠똥구리를 물속에 넣어 보았습니다. 그리고 넘친 물을 가느다란 시험관에 담아 똥의 부피와 비교해 보았습니다. 나는 깜짝 놀랐습니다. 똥의 부피는 쇠똥구리의 부피와 아주 비슷했습니다. 쇠똥구리는 무려 자신의 부피만 한 음식물을 먹어 치우고 소화시킨 것입니다. 정말 엄청난 소화력이 아닐 수 없습니다.

이제 들판에 널린 가축의 똥이 어째서 그렇게 금방 사라지는지 알 수 있을 것입니다. 쇠똥구리는 더러운 똥을 먹는다고 사람들에게 무시당하지만, 사실 똥을 치워 들판을 깨끗하게 해 주는 청소부입니다. 그뿐만이 아닙니다. 경단을 만든 쇠똥구리가 구멍을 만들기 위해 땅을 파헤치는 것은 땅속에 신선한 공기를 공급해 주는 일이기도 합니다. 그러니 쇠똥구리는 자연에서 없어서는 안 되는 아주 소중한 곤충인 것입니다.

배 모양의 똥 경단

내가 쇠똥구리를 연구한 지도 어언 30년이 흘렀습니다. 나는 과학 선생님을 그만두고 시골에서 여러 연구를 하며 지내고 있었습니다. 넓은 정원이 딸린 집의 이름은 황무지라는 뜻으로 '아르마스'라고 붙였습니다.

마침 우리 집에 자주 오는 양치기 청년이 내 연구를 여러모로 도와주었습니다. 나는 청년에게 이런 부탁을 해 두었습니다.

"돌아다니다가 쇠똥구리가 있으면 자세히 살펴봐 주게나."

6월의 어느 일요일이었습니다. 양치기 청년이 소리를 지르며 집으로 뛰어왔습니다.

"선생님! 제가 신기한 걸 발견했습니다!"

청년이 가지고 온 것은 진한 갈색의 덩어리로, 서양배 같은 모습을 하고 있었습니다. 눌러 보니 꽤 단단했는데, 매우 아름다운 곡선을 하고 있었습니다. 도자기를 만들 때 쓰는 회전대인 녹로대를 사용한 것처럼 아주 잘 만들어진 것이었습니다.

"우와, 정말 신기하다!"

아이들은 이 배 모양의 경단에서 눈을 떼지 못했습니다. 경단은 석영의 한 종류인 마노보다도 더 아름다웠습니다. 상아를 깎아서 달걀 모양으로 만든 장식품도 이보다 더 예술적이지는 않을 것입니다.

아이들은 이 신기한 장난감을 가지고 놀고 싶은 눈치였습니다. 그러나 이 경단을 선뜻 내줄 수는 없었습니다. 이 경단은 쇠똥구리의 생활을 연구하는 중요한 단서나 다름없었기 때문입니다.

그때 양치기 청년이 말했습니다.

"쇠똥구리가 땅 밖으로 나오기에 그곳을 파 보았더니 이런 게 나오더군요."

"이걸 정말 쇠똥구리가 만들었단 말인가?"

"네, 선생님. 그것만이 아니에요. 땅을 파다가 실수로 이

녹로대
도자기를 만들 때 흙을 빚거나 무늬를 넣기 위해 사용하는 회전 기구. '돌림판'이라고도 부른다.

석영
유리 광택이 있으며 유리, 도자기 등을 만드는 데 쓰는 광물의 한 종류.

마노
석영 등의 광물이 섞인 물질. 광택이 있으며, 적갈색이나 흰색 무늬가 있는 것도 있다. 보석, 장식품, 조각의 재료로 쓴다.

상아
코끼리의 위턱에 나서 입 밖으로 뿔처럼 길게 뻗은 크고 발달된 이빨. 연한 노란색이며, 갈면 윤이 나 악기, 도장 등을 만드는 데 쓴다.

것과 똑같이 생긴 것을 부수고 말았는데, 안에 보리알만 한 하얀 알이 들어 있지 뭐에요?"

청년이 말한 그 하얀 알의 정체는 무엇이었을까요? 설마 쇠똥구리의 알이었을까요?

청년이 가져다준 경단은 지금까지 내가 본 것과는 모양새가 아주 달랐습니다. 나는 도무지 믿을 수가 없었습니다. 그렇다고 경단을 함부로 잘라 볼 수도 없었습니다. 연구를 위해 하나밖에 없는 경단을 잘랐다가 이런 경단을 또 구하지 못하면 큰일이기 때문입니다.

서양배 모양의 똥 경단을 만들어 운반하는 쇠똥구리

다음 날 아침, 나는 양치기 청년과 함께 경단을 발견했다는 곳으로 향했습니다. 서늘한 아침 공기 속에서 양 떼가 평화롭게 풀을 뜯어 먹고 있습니다. 나는 경단을 몇 개 더 구해서 연구해 보아야겠다고 생각했습니다.

나는 청년과 함께 쇠똥구리의 구멍을 찾기 시작했습니다. 구멍 위로 봉긋하게 흙이 쌓여 있어 금방 찾을 수 있었습니다. 청년이 모종삽으로 땅을 파자, 이윽고 구멍 안이 훤히 드러났습니다. 나는 두근거리는 마음으로 땅속을 살폈습니다.

정말 구멍 안에는 서양배 모양을 한 경단이 들어 있었습니다. 이집트 파라오의 무덤을 발견한 고고학자의 심정이 이랬을까요? 나는 감격스러워 어쩔 줄 몰랐습니다. 나는 그동안 쇠똥구리는 평소에 만드는 그 둥근 경단 안에 알을 낳는 줄로만 알았습니다. 그런데 지금 막 새로운 사실을 발견하게 된 것입니다.

"선생님, 정말 잘됐어요!"

양치기 청년 역시 싱글벙글 웃으며 나의 행운을 축하해 주었습니다. 어찌나 기뻤던지, 나는 그날의 성스러운 감동을 아직도 잊지 않고 있습니다.

나는 다른 구멍을 찾아 나섰습니다. 잠시 후 두 번째 구멍을 발견했습니다. 그 속에는 방금 본 것과 똑같은 배 모양의 경단이 들어 있었습니다. 이번에는 어미 쇠똥구리도 함께 볼 수 있었습니다. 어미는 배 모양의 경단을 소중히 껴안고 있었습니다. 아무래도 떠나기 전 마지막 손질을 하고 있었던 모양입니다. 이것으로 배 모양의 경단을 쇠똥구리가 만들었다는 사실이 확실해졌습니다.

열매꼭지가 짧은 조롱박 모양의 서양배

나는 오전 내내 여러 구멍을 뒤져 배 모양의 경단을 12개나 손에 넣었습니다. 그중에는 어미 쇠똥구리가 달라붙어 있는 것도 있었습니다.

가을이 될 때까지 나는 쇠똥구리의 구멍을 파헤쳐 배 모양의 경단을 찾는 데 열중했습니다. 모은 경단을 세어 보니 약 100개 정도가 되었습니다. 모두 하나같이 아름다운 서양배 모양을 하고 있었습니다.

쇠똥구리의 집은 흙이 수북하게 쌓여 있어 쉽게 발견할 수 있습니다. 흙을 치우면 구멍이 나오는데, 그렇게 깊지는 않습니다. 구멍 속 통로의 막다른 곳에는 주먹만 한 방이 있습니다. 쇠똥구리는 이 방에서 배 모양의 경단을 아주 정성껏 만듭니다. 애벌레를 위한 것이니만큼 재료도 아주 신중하게

곤충의 알 낳기

짝짓기를 하여 알을 낳을 때가 된 암컷 곤충은 주로 알에서 깨어난 애벌레들이 좋아할 만한 먹이가 있는 곳에 알을 낳아요. 땅속에 알을 낳는 곤충, 식물의 잎에 알을 낳는 곤충, 다른 곤충의 애벌레 몸속에 알을 낳는 곤충, 수컷의 등에 알을 낳아 보호하는 곤충 등 곤충에 따라 알을 낳는 장소가 달라요. 곤충이 한 번에 낳는 알의 수도 천차만별이고, 수십 개에서 수억 개까지 낳아요. 곤충은 대개 알을 많이 낳아 번식해요.

선택합니다. 평소 자신이 먹을 것은 지푸라기가 잔뜩 섞인 말이나 노새의 똥도 상관없습니다. 그러나 이 배 모양의 경단은 오로지 양의 똥으로만 만듭니다. 양의 똥은 영양분이 많고 소화도 아주 잘 되기 때문입니다. 게다가 끈기가 있고 부드러워 배 모양의 경단을 만드는 데 안성맞춤입니다.

배 모양의 경단은 쇠똥구리가 평소에 만드는 둥근 경단보다는 작은 편입니다. 그나마 큰 것이 길이가 4.5센티미터, 폭이 3.5센티미터 정도입니다. 그보다 작은 것은 길이가 3.5센티미터, 폭이 2.8센티미터 정도 됩니다. 이렇게 경단이 작은 이유는 재료가 되는 양의 똥이 그다지 넉넉하지 않기 때문입니다. 그래서 처음에는 정말 쇠똥구리가 이 경단을 만들었는지 믿기 어려웠습니다. 알다시피 몸집이 큰 그 대식가가 이런 작은 경단을 만들었다고는 도저히 생각할 수 없었습니다.

오래전 나는 연구에 쓰기 위해 쇠똥구리를 기르려다 실패하고 말았습니다. 쇠똥구리의 생태를 잘 몰랐기 때문에 말과 당나귀의 똥만 주었기 때문이었습니다. 애벌레를 위한 경단을 만들 적당한 재료를 구할 수 없었던 쇠똥구리는 결국 배 모양의 경단을 만들지 않았습니다.

이제 나는 쇠똥구리가 알을 낳기 위해서는 양의 똥이 필요하다는 사실을 알게 되었습니다. 그래서 이번에 기르는 쇠똥구리에게는 양의 똥을 가득 모아 주었습니다. 그랬더니 쇠똥구리는 부지런히 배 모양의 경단을 만들었습니다.

경단의 표면은 아주 매끄러웠습니다. 막 완성된 경단은 찰흙처럼 부드럽지만, 시간이 지나자 나무처럼 무척 단단해졌습니다. 손가락으로 눌러도 표면이 들어가지 않을 정도였습니다. 이 정도는 되어야 안에 알을 낳아 잘 보호할 수 있습니다. 알에서 깨어난 애벌레는 자신을 둘러싸고 있는 경단을 먹으며 안전하게 자라날 것입니다.

똥 경단 속의 알을 찾아

어미 쇠똥구리는 경단의 어디에 알을 낳을까요? 아마 대부분 경단의 한가운데라고 생각할 것입니다. 위치로만 보면 그곳에 알을 낳는 것이 가장 안전하기 때문입니다. 게다가 어디를 먹어도 모두 똑같은 양의 먹이가 있으니 아무 데나 베어 먹어도 괜찮을 것입니다.

나는 그렇게 생각하면서 경단을 잘라 보았습니다. 칼끝으로 배처럼 생긴 경단의 껍질을 조금씩 벗겨 나갔습니다. 그런데 경단의 한가운데에는 그저 똥만 가득 채워져 있었습니다. 그렇다면 알은 도대체 어디에 있는 것일까요?

나는 배 모양의 경단을 찬찬히 살펴보았습니다. 그리고 이번에는 경단을 세로로 잘라 보았습니다. 그러자 배의 꼭지처럼 볼록 튀어나온 윗부분에 방이 하나 있었습니다. 쇠똥구리의 알은 바로 경단의 위쪽에 있었던 것입니다. 방의 주변은 매우 정성껏 손질되어 있었습니다. 알은 이곳에서 애벌레로 부화할 것입니다. 깨어난 애벌레는 경단의 안쪽을 향해 조금씩 먹이를 파먹어 들어갑니다.

쇠똥구리의 알은 어미 쇠똥구리의 몸에 비하면 꽤 큰 편입니다. 타원형 모양으로 흰색을 띠고 있는데, 길이는 1센티미터고 지름은 5밀리미터 정도 됩니다. 알의 윗부분은 천장에 붙어 있고, 나머지는 약간의 틈이 있어 주위의 벽과 살짝 떨어져 있습니다.

똥 경단의 안쪽을 파먹어 들어가는 쇠똥구리 애벌레

쇠똥구리는 왜 평소와 달리 이런 신기한 배 모양의 경단을 만드는 것일까요? 그리고 왜 경단의 윗부분에 알을 낳는 것일까요? 나는 이 궁금증을 풀기 위해 다음과 같은 실험을 해 보았습니다.

　7월의 여름날이었습니다. 7월은 쇠똥구리가 구멍을 가장 활발하게 파는 계절입니다. 나는 파낸 지 얼마 안 되는 배 모양 경단 12개를 마분지 상자와 나무 상자에 각각 나누어 넣었습니다. 그리고 상자를 뚜껑으로 덮어서 해가 비치지 않는 작업실에 두었습니다. 물론 작업실의 온도는 바깥과 같도록 했습니다.

　결과는 예상 밖이었습니다. 두 상자 모두 쇠똥구리 애벌레가 자라지 못했던 것입니다. 다음번에는 양철 상자와 유리 상자 안에 경단을 넣어 보았습니다. 그러자 쇠똥구리 알은 무사히 애벌레로 깨어나 무럭무럭 자랐습니다.

　왜 이런 차이가 생긴 것일까요? 이유는 아주 간단했습니다. 마분지 상자와 나무 상자는 수분이 잘 마르기 때문에 경단이 금세 딱딱해져서 쇠똥구리 애벌레가 먹을 수 없습니다. 반면 양철 상자와 유리 상자는 수분이 잘 날아가지 않습니다. 그래서 그 안의 경단은 항상 부드러운 상태를 유지할 수 있었던 것입니다. 쇠똥구리 애벌레는 이 경단을 먹고 튼튼하게 자랍니다.

　이처럼 쇠똥구리 애벌레에게 가장 위험한 일은 먹이인 경단이 말라 버리는 것입니다. 그래서 어미 쇠똥구리는 가능한 한 경단이 잘 마르지 않도록 만듭니다. 넓적한 앞다리로 경단을 아주 단단하게 다지되, 안은 부드러운 상태로 두는 것입니다. 그러면 경단의 바깥이 안을 잘 보호할 수 있습니다.

더운 여름날에는 음식물이 금세 말라 버립니다. 그래서 나는 여름철이면 빵을 부드럽게 보관하기 위해 단지 속에 넣어 뚜껑을 꼭 닫아 둡니다. 이렇게 하면 빵이 딱딱하게 마르는 것을 늦추어 비교적 오랫동안 부드러운 빵을 먹을 수 있습니다.

어미 쇠똥구리도 경단을 만들어 겉을 단지처럼 단단하게 만드는 것입니다. 그러면 안에 있는 쇠똥구리 애벌레는 부드러운 빵을 먹을 수 있습니다.

그뿐만이 아닙니다. 쇠똥구리가 경단을 만드는 방법에는 과학이 숨어 있습니다. 보통 표면적이 넓으면 수분이 빨리 날아가 버립니다. 표면의 넓이를 되도록 좁게 하고, 내용물을 많이 넣을 수 있는 게 바로 둥그런 공 모양입니다. 그래서 쇠똥구리는 둥근 모양으로 경단을 만드는 것입니다.

그런데 쇠똥구리가 애벌레를 위해 만드는 경단은 완전히 둥근 게 아니라 위가 살짝 좁은 서양배 모양입니다. 배의 꼭

어니스트 시턴의 『동물기』

미국의 소설가이자 화가, 박물학자인 어니스트 시턴은 영국에서 1860년에 태어났어요. 그리고 6년 후 캐나다로 이주하여 어린 시절을 캐나다 남부의 삼림이 우거진 자연 속에서 동물을 관찰하며 보냈어요. 그 영향에서인지 그는 세심한 관찰력과 동물에 대한 정확한 지식을 바탕으로 30여 권의 동물 이야기를 써서 동물 문학에 큰 영향을 주었어요. 이 작품이 바로 우리에게 『시턴 동물기』로 잘 알려진 『동물기』예요. 『동물기』는 험한 자연 속에서 사는 야생 동물을 소재로 한 『내가 알고 있는 야생 동물』, 『회색 곰의 전기』 등의 작품들을 가리켜요. 여기에는 여우, 늑대, 곰 등의 습성과 생활, 동물들의 지혜가 묘사되어 있고, 더불어 동물들과 인간 사이의 애정이 가득 담겨 있어요.

지와 비슷하게 생긴 경단의 윗부분은 도대체 어떤 역할을 하는 것일까요?

혹시 새의 알을 본 적이 있습니까? 새의 알을 잘 살펴보면, 겉면에 무수히 작은 구멍이 뚫려 있는 것을 알 수 있습니다. 이것은 알 속으로 공기가 잘 스며들도록 하는 것입니다. 공기는 생명이 있는 것이라면 없어서는 안 되는 매우 중요한 것입니다.

만약, 쇠똥구리가 경단의 한가운데에 알을 낳는다면 어떨까요? 공기가 경단의 가운데까지 통과하기 어려워 알은 숨을 쉴 수 없습니다. 그래서 쇠똥구리는 경단의 윗부분을 마치 배의 꼭지처럼 좁게 만들어 이곳에 알을 낳는 것입니다. 이곳은 경단의 둥그런 몸통에서 툭 튀어나와 있고, 겉면도 비교적 덜 단단해서 공기가 쉽게 스며들 수 있습니다. 그래서 여기에 알을 낳으면 쇠똥구리 애벌레는 숨을 잘 쉴 수 있습니다.

그리고 한 가지 이유가 더 있습니다. 쇠똥구리의 알이 무사히 깨어나려면, 공기만이 아니라 따뜻한 온도도 필요합니다. 이때 경단의 위쪽에 알을 낳으면 땅의 열을 더 잘 받을 수 있습니다. 어미 새가 알을 품는 것처럼, 땅이 쇠똥구리의 알을 품어 주는 것입니다.

이 사실을 다시 한 번 확인하기 위해 또 다른 실험을 하기로 했습니다. 들판에 나가 실험에 쓸 양의 똥을 가득 모으기 시작했습니다.

"양의 똥은 왜 줍는 거예요?"

마침 길을 지나가던 마을 사람이 내게 물었습니다. 그에게는 동물 배설물을 줍는 내 행동이 꽤나 신기하게 보였던 모양입니다. 나는 계속해서 양의 똥을 주우며 말했습니다.

"쇠똥구리 연구에 꼭 필요하거든요."

나는 주워 온 양의 똥을 병 속에 가득 넣었습니다. 똥 더미에 가느다란 막대기를 꽂았다 빼어 구멍을 만들었습니다. 그리고 배 모양 경단을 갈라 쇠똥구리의 알을 꺼냈습니다. 나는 이 알을 병 속 구멍 한가운데에 조심스럽게 넣었습니다. 그 다음 구멍의 위를 잘 덮고 다시 양의 똥으로 감싸 주었습니다. 이렇게 해서 파브르표 배 모양 경단이 만들어졌습니다.

그러나 내가 만든 경단은 쇠똥구리의 것과 아주 달랐습니다. 쇠똥구리는 경단의 윗부분에 알을 낳지만, 나는 경단의 한가운데에 집어넣어 버린 것입니다. 실험 결과 쇠똥구리의 알은 그대로 말라 버리고 말았습니다. 애벌레는 깨어나 세상을 보지도 못한 채 죽었습니다. 양의 똥 한가운데까지 공기가 스며들지 못한 것입니다. 그뿐만이 아닙니다. 유리로 된 병은 쇠똥구리의 알까지 열을 전달해 주지도 못했습니다. 이런 이유로 애벌레는 죽고 만 것입니다.

이 실험을 통해 나는 어미 쇠똥구리가 알을 경단 윗부분에 낳는 이유를 더 자세히 확인할 수 있었습니다.

이렇듯 쇠똥구리는 애벌레를 위해 갖은 노력을 합니다. 그럼에도 불구하고 가끔 애벌레가 죽는 경우도 있습니다. 날이 너무 더워서 배 모양의 경단이 말라 버리는 것입니다. 한여름이 되면 구멍 속은 한증막처럼 후끈후끈해집니다. 이때 만약 경단이 마르면 애벌레는 딱딱해진 먹이를 먹지 못해서 죽고 맙니다. 8월의 아주 무더운 날, 나는 이렇게 죽은 애벌레를 몇 마리 본 적이 있습니다.

그러나 우리는 알고 있습니다. 어미 쇠똥구리는 애벌레를 위해 자신이 할 수 있는 한 최선을 다한다는 것을 말입니다.

곤충의 입

곤충의 입 모양은 먹이에 따라 서로 달라요. 예를 들어, 나비는 꽃의 꿀을 빨아 먹기 위해 긴 대롱 같은 입이 있고, 파리는 먹이를 핥아 먹기 위해 넓적한 입이 있어요. 이 밖에도 메뚜기 같이 풀을 씹어 먹는 입이나, 빈대 같이 주사침처럼 생겨 찔러 넣어 빨아먹는 입도 있어요. 또 육식을 하는 사마귀나 귀뚜라미는 날카로운 이빨에 절구 같은 모양의 입이 있어요. 곤충은 맛을 사람처럼 혀가 아닌 입 속의 감각 털로 느껴요. 어떤 곤충은 다리 끝에도 맛을 느끼는 기관을 갖고 있기도 해요. 예를 들어, 파리는 다리로 맛을 보고 입으로 먹이를 먹는다고 해요.

예술가 쇠똥구리

지금까지의 관찰을 통해 나는 쇠똥구리가 왜 배 모양의 경단을 만드는지, 왜 알을 경단의 윗부분에 낳는지 알게 되었습니다. 그러자 이번에는 쇠똥구리가 배 모양의 경단을 만드는 모습을 관찰하고 싶었습니다.

쇠똥구리는 어떻게 배 모양의 경단을 만들까요? 자기가 먹을 경단처럼 땅에 굴려서 만들 수는 없을 것입니다. 둥근 몸통 부분이라면 굴려서 만들 수 있겠지만, 알의 방이 있는 꼭지 부분은 길쭉하여 그런 방법으로는 만들 수 없습니다.

결과부터 말하자면 쇠똥구리는 배 모양의 경단을 직접 반죽하여 만듭니다. 조각가가 작업실에서 열심히 조각하는 것처럼, 쇠똥구리 역시 지하실에 들어가 모아 놓은 똥으로 경단을 빚습니다.

쇠똥구리가 똥을 모으는 데에는 두 가지 방법이 있습니다. 하나는 똥 무더기에서 한 덩어리를 떼어서 경단을 만들어 옮기는 것입니다. 자기가 먹을 먹이를 만들 때와 같은 방법입니다. 쇠똥구리는 구멍을 파기에 알맞은 장소를 찾을 때까지 계속해서 경단을 굴리며 갑니다.

다른 하나는 똥이 있는 곳 근처가 마침 구멍을 파기 좋은 장소일 경우입니다. 자갈이 적고 흙이 부드러워 쉽게 구멍을 팔 수 있는 곳이면 딱 좋습니다. 만약 똥 주위에서 이런 곳을 발견하면, 쇠똥구리는 재빨리 구멍을 파 재료를 운반하기 시작합니다. 그렇지만 이런 곳을 발견하기란 좀처럼 쉬운 일이 아닙니다. 대부분의 땅은 울퉁불퉁하고 여기저기에 자갈이 널려 있기 때문입니다.

나는 들에 나가서 경단을 만들고 있는 어미 쇠똥구리를 잡아 왔습니다. 어미 쇠똥구리는 이제 막 경단의 둥그런 몸통 부분을 만들려던 참이었습니다. 나는 입구가 큰 병을 구

구멍으로 똥 경단을 운반하는 쇠똥구리

했습니다. 그리고 체로 친 고운 흙을 깔고, 어미 쇠똥구리와 똥 경단을 넣어 주었습니다. 그리고 병을 어두운 곳에 가져다 놓고, 마분지로 덮개를 만들어 씌웠습니다. 쇠똥구리는 주위가 어두워야만 일을 하기 때문입니다.

다음 날, 나는 병의 덮개를 열어 보았습니다. 일부러 슬리퍼까지 갈아 신고 가능한 한 조용히 걸으려고 노력했습니다. 쇠똥구리는 조심성이 많아서 시끄럽게 굴었다가는 일하지 않을지도 모르기 때문입니다.

다행히도 쇠똥구리는 경단에 앞다리를 얹고 열심히 일하고 있었습니다. 이따금씩 똥 더미를 부수거나 가르기도 했습니다. 나는 깜짝 놀랐습니다.

'설마 내가 잡아 온 걸 알고 저러는 걸까?'

그러나 조금 지나자 그런 것이 아니라는 사실을 알게 되었습니다. 영리한 쇠똥구리는 똥 덩어리를 검사하고 있었던 것입니다. 안에 개암거위벌레 같은 곤충들이 섞여 있을 수도 있기 때문입니다. 일에 열중하고 있던 쇠똥구리는 빛이 비치자 깜짝 놀라더니 하던 것을 멈추었습니다.

"미안, 잠깐이면 되니까 조금만 참으렴."

나는 경단의 모양과 위치, 방향 같은 것을 수첩에 적고 다

개암거위벌레
개암나무, 상수리나무, 떡갈나무 등에 주로 서식하는 딱정벌레목 거위벌레과 곤충. 몸길이는 7밀리미터 정도이다.

시 덮개를 씌워 주었습니다.

　저녁나절에 나는 다시 조사를 시작했습니다. 쇠똥구리는 놀란 가슴을 진정시켰는지 다시 일을 하고 있었습니다. 그러다가 또 빛이 비치자 당황하여 구석으로 도망쳐 버렸습니다. 경단을 보니 꽤 많이 완성되어 있었습니다. 내 예상대로 경단은 굴리는 게 아니라 주위에서 누르면서 만드는 것이었습니다.

　이튿날, 나는 다시 쇠똥구리를 보러 갔습니다. 어느덧 배 모양의 경단은 거의 마무리 단계였습니다. 어제는 입이 열린 자루 같았던 경단의 윗부분은 어느새 단단히 막혀 있었습니다. 쇠똥구리가 벌써 그 안에 알을 낳은 것입니다. 이제 남은 것은 마지막 손질뿐입니다. 덮개를 걷어 보니 쇠똥구리가 경단을 다듬고 있었습니다.

　알의 방을 만드는 것은 살펴볼 수 없었지만, 대충 짐작할 수는 있었습니다. 쇠똥구리는 볼록한 꼭지 부분을 다리로 눌러 가며 점점 입구를 좁게 만들었을 것입니다. 눌린 꼭지 부분은 얇은 자루 모양처럼 늘어집니다. 그러면 그 안에 작은 방을 만들어 알을 낳는 것입니다.

집 수리공 애벌레

쇠똥구리의 알이 애벌레가 되는 데 걸리는 시간은 조금씩 다릅니다. 알은 보통 6~7월에 부화합니다. 날이 아주 무더우면 5~6일 정도 걸리고, 선선한 날이 계속되면 약 12일 정도 걸립니다.

알에서 깨어난 쇠똥구리 애벌레는 곧장 자신의 곁에 있는 경단을 먹어 치웁니다. 경단 자체가 똥으로 되어 있으니 아무 데나 먹어도 괜찮을 것 같지만 그렇지 않습니다. 경단은 아주 조심스럽게 먹어야만 합니다. 벽이 얇은 곳을 무심코 베어 먹었다가는 순식간에 경단이 뚫려 버리기 때문입니다.

어미 쇠똥구리가 가르쳐 주지는 않았지만, 쇠똥구리 애벌레는 이 사실을 잘 알고 있는 것 같습니다. 쇠똥구리 애벌레는 반드시 경단의 바닥부터 먹기 때문입니다. 방의 아래쪽은 배처럼 생긴 경단의 몸통이니 마음껏 먹어도 바깥으로 떨어질 염려가 없습니다. 어쩌면 쇠똥구리 애벌레의 본능이 이렇게 소리치고 있는 것일지도 모릅니다.

"무조건 바닥 쪽을 먹어야 해! 다른 쪽을 먹었다가는 떨어지고 말 거라고!"

며칠이 지나면 쇠똥구리 애벌레는 경단의 한가운데까지 가 있습니다. 양의 똥을 먹지만 쇠똥구리 애벌레의 몸은 상아처럼 하얗고 깨끗합니다. 경단 안에는 쇠똥구리 애벌레가 먹어 치운 양만큼 둥그런 방이 생겨납니다. 쇠똥구리 애벌레는 몸을 돌돌 말고 들어가 이 방을 가득 채웁니다.

나는 방 안에 있는 쇠똥구리 애벌레를 관찰하고 싶었습니다. 그래서 배처럼 생긴 경단의 몸통에 미세한 구멍을 하나 뚫었습니다. 그러자 쇠똥구리 애벌레가 그 구멍으로 머리를 쑥 내밀었습니다. 무슨 일인지 상황을 살피는 것 같았습니다. 그러더니 갑자기 갈색의 죽 같은 것으로 구멍을 막아 버렸습니다.

나는 쇠똥구리 애벌레가 이 물질을 경단 안에서 가져와 막는 것이라고 생각했습니다. 그런데 자세히 보니 이 갈색

죽은 쇠똥구리 애벌레가 직접 만드는 것이었습니다. 꽁무니를 구멍에 대고 똥을 누어서 구멍을 막은 것입니다.

나는 신기한 마음에 몇 번이고 구멍을 뚫어 보았습니다. 그때마다 쇠똥구리 애벌레는 똥으로 구멍을 막았습니다. 똥은 나중에 시멘트처럼 아주 단단해져 구멍을 튼튼하게 막아 주었습니다. 바깥에서 보면 고친 부분이 울퉁불퉁해서 쉽게 알 수 있습니다. 그러나 안에서 보면 고친 흔적이 남지 않아 아주 감쪽같습니다. 아무리 솜씨 좋은 전문가라도 이렇게 빠른 시간 안에 집을 수리할 수는 없을 것입니다. 그뿐만이 아닙니다. 내가 실수로 경단 귀퉁이를 부수자 쇠똥구리 애벌레가 똥으로 그 부분을 감쪽같이 고쳐 놓았습니다.

예전에 들판에서 배 모양의 경단을 파낼 때도 비슷한 일이 있었습니다. 그때 나는 삽으로 잘못 건드려 경단을 부수고 말았습니다. 나는 어쩔 수 없이 경단 조각들을 주워 모아 쇠똥구리 애벌레를 그 안에 넣었습니다. 그리고 원래의 모양대로 맞추어 놓고 헌 신문지로 싸 두었습니다.

집에 돌아와 살펴보니 아주 놀라운 일이 펼쳐졌습니다. 경단이 아주 단단히 붙어 있었던 것입니다. 비록 모양이 비뚤어지고 부서진 자국도 군데군데 보였지만 이 정도면 합격이었습니다. 쇠똥구리 애벌레가 갈라진 틈에 똥을 누어 조각을 이어 붙였던 것입니다.

쇠똥구리 애벌레는 왜 자꾸 구멍을 막으려는 것일까요? 쇠똥구리 애벌레는 캄캄한 땅속에서 자라 빛이 새어 드는 것이 싫은 것일까요? 그러나 쇠똥구리 애벌레의 둥근 머리에는 눈이 없는 것 같았습니다. 어쩌면 앞을 볼 수 없는 것일지도 모릅니다.

나는 재미있는 실험을 하나 해 보기로 했습니다. 일단 어두운 곳에서 배 모양의 경단에 구멍을 뚫었습니다. 너무 어두워 구멍이 제대로 보이지 않을 정도였습니다. 구멍을 뚫은 경단을 바로 상자 안에 넣은 뒤 조사해 보았습니다. 빛이 새어 들어간 것도 아닌데 쇠

발데마르 본젤스의 『꿀벌 마야의 모험』

독일의 소설가이자 시인인 발데마르 본젤스는 1912년에 『꿀벌 마야의 모험』이라는 작품을 발표했어요. 『꿀벌 마야의 모험』은 파브르의 『곤충기』, 시턴의 『동물기』와는 달리 동물을 과학적으로 관찰하여 쓴 것이 아니라 곤충을 인간처럼 묘사하여 곤충의 세계를 통해 인간 세계를 보여 주려고 한 작품이에요. 꿀벌 '마야'는 꿀을 모으러 바깥 세계에 처음 나오자마자 아름다운 자연에 반하고 말아요. 그래서 마야는 모험의 세계에 뛰어들어 갖은 경험을 하게 돼요. 그리고 장수말벌에게 잡혀 그들이 꿀벌을 공격하려는 사실을 알아채고 도망쳐서 꿀벌 종족을 구해내요.

곤충의 눈

곤충은 사람과 다르게 사물을 봐요. 사람의 눈은 카메라처럼 물체가 하나의 상으로 맺혀요. 그렇지만 곤충의 눈은 대부분 두 개의 겹눈과 세 개의 홑눈으로 이루어져 있어요. 겹눈은 육각형 모양의 수많은 작은 눈인 '낱눈'으로 이루어져 있어, 마치 벌집처럼 보여요. 낱눈은 제각기 눈의 작용을 하지만 시야가 매우 한정적이어서 일직선상에 있는 물체의 부분들만 보여요. 낱눈들이 보는 물체의 일부분들은 시신경을 통해 마치 모자이크가 완성되듯이 하나의 완성된 물체로 보이게 돼요. 곤충의 눈이 이런 구조를 가지게 된 것은 날아다니며 움직이는 물체를 민감하게 잘 보기 위해서 오랜 세월에 걸쳐 진화한 거예요.

똥구리 애벌레는 이번에도 구멍을 잘도 막아 놓았습니다.

이번에는 유리로 배 모양의 경단과 같은 집을 만들어 쇠똥구리 애벌레를 넣어 보았습니다. 유리병 안에는 먹이도 충분히 넣어 주었습니다. 쇠똥구리 애벌레는 집이 바뀌어도 불안한 내색 없이 보통 때처럼 열심히 먹이를 먹어 치웠습니다.

얼마 후, 쇠똥구리 애벌레는 흥미로운 행동을 보였습니다. 자신의 머리 위에 천장을 만들기로 작정한 것입니다. 물론 재료는 자신의 똥이었습니다. 쇠똥구리 애벌레는 엉덩이를 움직이면서 자신의 천장을 지어 나가기 시작했습니다. 중요한 것은 쇠똥구리 애벌레가 병 사이로 비치는 햇빛에 대해 신경 쓰지 않았다는 것입니다.

심지어 쇠똥구리 애벌레는 유리벽의 일부를 천장으로 활용하기도 했습니다. 이 유리벽은 꼭 집에 뚫려 있는 유리창처럼 보였습니다. 이 사이로 여전히 햇볕이 들어왔지만 쇠똥구리 애벌레는 아주 잘 지냈습니다. 결국 구멍을 막은 것은 빛 때문이 아니었던 것입니다.

그렇다면 애벌레는 무엇 때문에 구멍을 막는 것일까요? 그것은 바로 구멍으로 들어오는 바람을 막기 위해서였습니다. 7월의 건조하고 무더운 바람이 들어오면 구멍 안이 굳어 버려 먹이를 먹을 수 없게 됩니다. 그래서 쇠똥구리 애벌레는 부드러운 음식을 먹을 수 있도록 구멍난 경단을 부지런히 막았던 것입니다.

문득 의문이 생겼습니다. 경단에 구멍이 뚫릴 일이 그렇게 많을까요? 나처럼 경단의 구멍을 연구하기 위해 일부러 구멍을 뚫는 사람은 그렇게 많지 않을 것입니다. 어쩌면 쇠똥구리가 경단을 굴리기 시작한 이래 처음 일어난 일일지도 모릅니다. 이렇게 아주 드문 일을 대비하기 위해 쇠똥구리 애벌레가 집수리 전문가가 된 것일까요?

그 해답은 바로 이렇습니다. 앞서 어미 쇠똥구리는 똥 더미 안에 다른 곤충이 없는지 일일이 살폈습니다. 그렇지만

새우처럼 몸이 굽은 쇠똥구리 애벌레

아무리 어미 쇠똥구리가 꼼꼼히 살펴도 가끔씩 한두 마리의 곤충이 경단에 섞여 들어갈 수 있습니다. 이 곤충들은 경단을 실컷 먹어 치우고는 연필 굵기 정도의 구멍을 뚫어 밖으로 나옵니다. 이때 애벌레는 즉시 구멍을 막아야 경단이 마르는 것을 방지할 수 있습니다.

만약 곤충들이 많다면 어떻게 될까요? 아무리 집수리에 능숙한 쇠똥구리 애벌레라 해도 구멍을 다 막지 못해 결국 죽고 말 것입니다. 그러니 어미 쇠똥구리는 똥 덩어리를 잘 확인해 주어야만 합니다.

이번에는 쇠똥구리 애벌레의 생김새를 관찰해 볼까요?

쇠똥구리 애벌레는 하얗고 통통하며, 소화 기관이 파르스름하게 비칩니다. 몸은 새우처럼 굽어 있고, 등은 혹이 난 것처럼 부풀어 있습니다. 머리는 꽤 작은 편인데, 연한 갈색 털이 나 있습니다. 꽁무니는 비스듬하게 잘린 고리 모양 같습니다. 자세히 보면 똥을 누는 곳이 단춧구멍처럼 뚫려 있는 것이 눈에 띕니다. 이처럼 항문이 몸의 윗면에 있는 곤충은 별로 없습니다.

이번에는 몸속을 살펴볼까요? 주로 쇠똥구리 애벌레의 똥을 만드는 곳은 바로 소장입니다. 소장은 아주 굵고 긴 원통 모양으로, 식도와 연결되어 있습니다. 소장을 꺼내어 펴 보면 쇠똥구리 애벌레의 몸보다 무려 세 배나 더 길다는 것을 알 수 있습니다.

쇠똥구리 애벌레의 등이 불룩한 이유는 바로 이 소장이 구불구불하게 모여 있기 때문입니다. 영양분을 흡수하는 자루도 등 쪽에 있고 말입니다.

소장의 끝은 오줌을 내보내는 곳으로, 대장과 연결되어 있습니다. 대장 다음에는 직장이 있습니다. 보통 곤충의 직장은 가느다란 편이지만, 쇠똥구리 애벌레의 직장은 아주 두껍고 튼튼합니다. 이 안에는 소화되지 않은 찌꺼기가 모여 있어서 언제든지 똥을 누어 집수리에 쓸 시멘트로 이용할 수 있습니다. 경단을 고칠 일이 없을 때 쇠똥구리 애벌레가 눈 똥은 먹이를 먹고 남은 빈 공간에 둡니다.

이렇게 4~5일이 지나면 쇠똥구리 애벌레는 거의 다 자랍니다. 어느덧 경단은 아래가 얇고 위가 아주 두꺼운 방이 됩니다. 쇠똥구리 애벌레가 천천히 똥을 누면서 아래쪽으로

소장
내장의 기관 중 하나로, 위와 큰창자 사이에 있는 대롱 모양의 관. '작은창자'라고도 부른다.

식도
입으로 들어온 음식물이 몸 안으로 이동하는 내장 기관. 입과 위 사이에 있다.

대장
소장의 끝에서부터 항문에 이르는 소화 기관. '큰창자'라고도 부른다.

직장
대장 중 항문 부근의 소화 기관. '곧창자'라고도 부

가기 때문입니다. 쇠똥구리 애벌레는 다시 똥을 누어 자신이 갉아먹어 얇아진 벽을 두껍게 고쳐 나갑니다. 방이 완성되면 쇠똥구리 애벌레는 번데기가 되어 어른 쇠똥구리가 될 때까지 잠을 잡니다.

　쇠똥구리의 번데기는 아주 아름답습니다. 벌꿀처럼 노란빛을 띤 것이 꼭 호박을 조각해서 만든 장식품 같습니다. 앞다리는 머리 아래로 접어 넣고 날개를 바싹 붙인 모습은 마치 이집트의 미라 같기도 합니다. 이대로 썩지 않고 굳는다면 반짝반짝 빛나는 토파즈가 될 것만 같습니다.

른다.

호박
나무의 끈끈한 물질인 진 등이 땅속에 묻혀 굳어진 누런색 광물. 장식품 등에 쓰인다.

토파즈
다양한 빛깔을 내며, 보석 등으로 쓰는 광물의 한 종류.

쇠똥구리의 비밀

아름다운 쇠똥구리에게도 비밀은 있습니다. 바로 쇠똥구리의 앞다리입니다.

다른 풍뎅이 무리를 살펴보면 앞다리와 가운뎃다리, 뒷다리 모두 발 끄트머리까지 있습니다. 반면 쇠똥구리와 비슷한 종류의 곤충들은 다릅니다. 가운뎃다리와 뒷다리는 발 끄트머리까지 있지만, 앞다리는 정강이 근처에서 뚝 끊겨 있습니다. 게다가 앞다리 끝은 들쭉날쭉한 톱니처럼 되어 있을 뿐입니다.

쇠똥구리의 앞다리는 원래 이랬던 것일까요? 아니면 우연히 어떤 사고를 당해 그렇게 된 것일까요?

쇠똥구리는 땅을 파는 거친 일을 하는 곤충입니다. 앞다

쇠똥구리 앞다리

리는 언제나 단단한 흙을 걷어 내거나 구멍을 파는 일을 도맡아 합니다. 그뿐만이 아닙니다. 경단을 굴리며 앞으로 나아갈 때는 경단을 떠받치는 지렛대 역할도 합니다. 그러니 어느 날 앞다리를 헛디디는 바람에 연약한 발끝이 부러져 버린 것은 아닐까요?

이 생각은 틀렸습니다. 앞다리의 끝은 우연한 사고로 없어진 것이 아닙니다. 쇠똥구리의 번데기를 조사해 보면 쉽게 알 수 있습니다. 쇠똥구리 번데기의 앞다리 역시 정강이 아랫부분이 싹둑 잘려 나간 것 같은 모양입니다. 반면 가운뎃다리와 뒷다리는 발 끄트머리까지 잘 달려 있습니다.

나는 번데기에서 막 어른벌레가 된 쇠똥구리가 반쯤 잘려 나간 것 같은 앞다리를 휘두르는 모습을 본 적이 있습니다. 결국 쇠똥구리는 태어날 때부터 이런 앞다리를 가지고 있었던 것입니다.

어쩌면 진화론을 다룬 책에는 이렇게 쓰여 있을지도 모르겠습니다.

'쇠똥구리는 태어날 때부터 불구입니다. 그러나 아주 오랜 옛날 쇠똥구리의 조상은 그렇지 않았습니다. 쇠똥구리의 조상은 다른 풍뎅이처럼 앞다리가 발끝까지 존재했습니다. 다만 구멍을 파거나 경단을 굴리는 험한 일을 하는 동안 닳아 없어져 버렸습니다. 그런데 오히려 이렇게 발 끄트머리가 사라진 것이 일하는 데 더 편리했습니다. 그래서 자손에게 물려주어 오늘날 쇠똥구리의 앞다리가 이렇게 싹둑 잘려 나간 모양인 것입니다.'

그러나 나는 이 이론에 동의하지 않습니다. 앞다리의 끝이 없어진 것이 그렇게 편리했다면, 가운뎃다리나 뒷다리의 끝도 없어져야 했을 것입니다. 그랬다면 쇠똥구리는 지금보다 더 편하게 일을 하고 있을지도 모릅니다.

뜨거운 여름철이 지나가고 가을이 오면, 대부분의 쇠똥구리는 몸을 잔뜩 다치고 맙니다. 구멍을 파고, 경단을 옮기고, 배 모양의 경단을 만드느라 다리가 떨어져 나간 것입니다. 내가 기르는 쇠똥구리 중에서도 이런 녀석이 꽤 있었습니다. 아예 네 다리를 모두 잃어버린 녀석도 눈에 띄었습니다.

이 쇠똥구리들이 다리가 성한 녀석들보다 일을 더 못했

찰스 다윈의 진화론

영국의 생물학자인 찰스 다윈은 1809년에 태어났어요. 그는 어릴 때부터 동식물에 관심이 많아 1831년 박물학자의 자격으로 해군 측량선에 탑승하여 남아메리카와 남태평양, 오스트레일리아 등을 두루 항해하였어요. 이때 얻은 자료는 1859년에 그가 발표한 『종의 기원』에 사용하였어요. 『종의 기원』은 '생물 진화론'을 확립한 책이라고 할 수 있어요. 진화론이란 생물이 진화한다는 주장으로, 다윈은 생물의 종은 자연 환경에 적합한 것만 살아남고, 부적합한 종은 사라지면서 진화한다고 했어요. 다윈의 진화론은 자연 과학의 다양한 분야에 큰 영향을 끼쳐 사람들의 자연관과 세계관을 변화시켰지요.

을까요? 아닙니다. 이들은 몸이 성한 쇠똥구리와 마찬가지로 재빠르게 움직였고, 솜씨 좋게 경단을 만들었습니다. 그리고 배 모양의 경단을 만들어 알을 낳았습니다. 아직 번데기가 되기 전의 이 애벌레들은 발끝을 달고 있었습니다. 그러다 번데기가 되면서 모양이 바뀌었습니다.

발끝이 없는, 심지어 다리가 성치 않은 쇠똥구리에게서 발끝이 달린 자식들이 태어난다는 것만 보아도, 진화론의 주장이 틀렸다는 것을 알 수 있습니다.

어른 쇠똥구리가 되기까지

옛날 이집트 사람들은 쇠똥구리를 신성하게 여겼습니다. 쇠똥구리가 똥 굴리는 모습을 신이 동쪽에서 서쪽으로 태양을 옮기는 것과 같다고 본 것입니다. 톱니처럼 울퉁불퉁한 쇠똥구리의 머리는 태양을 나타낸 것이라고 생각했습니다.

또한, 쇠똥구리가 경단과 함께 땅속에 들어갔다가 계절이 바뀌어 나타나는 모습을 보고, 죽었다가 다시 살아나는 것이라 믿었습니다. 그래서 미라의 무덤에 쇠똥구리의 모습을 새긴 돌을 함께 넣어 주기도 했습니다.

그 당시 이집트의 학자였던 홀스 아폴론은 쇠똥구리에 대해 이런 글을 썼습니다.

'쇠똥구리는 흙 속에 경단을 묻고 28일 동안 숨어 삽니다. 28일은 달이 한 바퀴 공전하는 시간입니다. 그동안 쇠똥구리의 새끼가 태어납니다. 29일째, 달과 태양이 만나 세계가 탄생하는 날이 되면 쇠똥구리는 경단을 부수어 물속에 던져 버립니다. 그러면 그 알에서 새로운 쇠똥구리가 나옵니다.'

달과 태양이 만나고 세계가 탄생하는 날이라니, 지금 보면 다소 엉뚱한 이야기입니다. 그러나 땅속에 묻힌 경단의 쇠똥구리 알이 부화하는 데 28일이 걸린다는 것, 그래서 29일째 되는 날 쇠똥구리가 세상 밖으로 나온다는 이야기는 아주 중요합니다.

곤충이 알에서 깨어나 애벌레, 번데기를 거쳐 어른벌레가

> ### 곤충의 탈바꿈
>
> 곤충은 자라면서 그 모습을 바꿔요. 이것을 '탈바꿈'이라고 부르는데, 다른 말로는 '변태'라고도 해요. 곤충의 탈바꿈은 '완전 탈바꿈'과 '불완전 탈바꿈'으로 나눌 수 있어요. 완전 탈바꿈은 나비, 벌, 개미 등의 곤충에서 볼 수 있는데, 자라면서 알에서 애벌레, 번데기, 어른벌레(성충)가 되는 거예요. 불완전 탈바꿈은 잠자리, 메뚜기, 사마귀, 매미 등의 곤충에서 볼 수 있어요. 완전 탈바꿈과 달리 알에서 애벌레, 어른벌레가 되며, 번데기 과정을 거치지 않아요. 이 밖에도 전혀 탈바꿈을 하지 않고 애벌레 그대로 어른벌레가 되는 좀, 톡토기 등도 있어요.

공전
행성이나 위성이 태양이나 다른 행성의 둘레를 도는 것. 달의 경우에는 지구의 주변을 돈다.

되는 것을 '탈바꿈'이라고 합니다. 아주 오랜 옛날, 사람들은 탈바꿈에 관한 것을 전혀 몰랐

애벌레에서 번데기 과정을 거쳐 성충이 되는 쇠똥구리

습니다. 애벌레는 그저 평생 애벌레로 살다가 죽는다고 생각했을 뿐입니다. 이집트의 학자인 아폴론 역시 쇠똥구리 애벌레의 존재를 모르고 있었습니다. 그래서 쇠똥구리가 배 모양의 경단에서 갑자기 태어난다고 믿었습니다.

경단 안에 있는 쇠똥구리 애벌레는 번데기 과정을 거쳐 어른이 됩니다. 나는 쇠똥구리가 번데기에서 어른이 되기까지 걸리는 시간을 조사해 보았습니다. 빠르면 21일, 늦으면 33일까지도 걸렸습니다. 이것으로 평균을 내어 보면 아폴론이 말한 28일이 됩니다. 그는 아주 옛날 사람이었지만 그의 연구는 매우 정확했던 것입니다.

4주일이 지나면 쇠똥구리 번데기는 마지막 단계에 이릅니다. 이때 번데기는 어른 쇠똥구리의 모양을 하고 있지만 몸

색깔은 조금 다릅니다. 번데기에서 막 어른이 된 쇠똥구리는 꽤 별난 색을 띠고 있습니다. 머리와 가슴과 다리는 어두운 빨간색이고, 톱니 모양의 앞다리는 다갈색입니다. 배는 하얗고 앞날개는 연한 노란색입니다. 마치 신분이 높은 사람이 입는 옷을 떠올리게 합니다. 그러나 이 옷차림을 하고 있는 것은 아주 잠깐뿐이고, 쇠똥구리는 곧 검은색의 제복으로 갈아입기 시작합니다. 어른 쇠똥구리처럼 몸이 완전히 까맣게 되기까지는 한 달 정도 걸립니다.

어두운 배 모양의 경단 속에서 지내던 번데기는 이제 곧 세상 밖으로 나오게 됩니다. 햇볕을 쬐기 위해서는 단단하기 그지없는 경단을 깨고 나와야 합니다. 자신을 안전하게 지켜 주었던 곳이 이제는 감옥이 되어 버린 것입니다. 쇠똥구리는 과연 무사히 나올 수 있을까요?

쇠똥구리가 거의 다 자랄 때쯤 되면 어느덧 계절은 무더운 8월입니다. 메마른 땅을 적셔 주는 소나기가 내리지 않으면 경단은 계속 딱딱하게 굳어 버려 쇠똥구리는 나오지 못할 것입니다. 나는 그런 갑갑한 상태에 놓인 쇠똥구리를 실험해 보기로 했습니다.

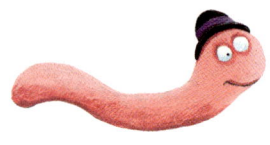

8월의 어느 날, 나는 들판에 나가 어른 쇠똥구리가 들어 있는 배 모양의 경단을 여러 개 채집했습니다. 그리고 딱딱하게 마른 경단을 상자 속에 넣고 가만히 지켜보았습니다. 그러자 경단 속에서 줄로 무언가를 문지르는 듯한 소리가 들려왔습니다. 쇠똥구리가 밖으로 나오기 위해 머리와 앞다리로 경단의 벽을 긁고 있는 것입니다.

2~3일이 지났지만 구멍은 여전히 뚫릴 것 같지 않습니다. 그래서 나는 작은 칼로 경단에 구멍을 내 주었습니다. 쇠똥구리가 그 구멍을 크게 늘여 밖으로 나올 거라 생각했기 때문입니다.

그런데 예상 밖의 결과가 벌어졌습니다. 경단을 부수어 보니, 쇠똥구리가 안에서 힘없이 쓰러져 있었습니다. 쇠똥

고대 이집트의 쇠똥구리

쇠똥구리는 고대 이집트 신화에서 찾아볼 수 있어요. 고대 이집트인들은 똥을 굴리고 가는 쇠똥구리를 매우 신기하게 생각했어요. 또한 쇠똥구리가 만들어 가는 똥의 모양이 태양과 비슷하다고 여겨 고대 이집트인들은 쇠똥구리를 태양의 사자이자 신성한 곤충으로 생각했어요. 다시 말해, 쇠똥구리가 똥을 굴리듯 태양신 '라'가 하늘의 태양을 굴리고, 쇠똥구리가 똥을 묻듯이 태양이 진다고 여긴 거예요. 그래서 고대 이집트인들은 무덤에 돌로 만든 쇠똥구리 모양의 장신구를 넣어 죽은 사람의 부활을 기원했어요. 오늘날에도 이집트 여성들은 장신구에 쇠똥구리 문양을 새겨 넣어 몸에 지니고 다녀요.

고대 이집트의 벽화에 조각된 쇠똥구리 문양

구리가 지쳐 결국 죽어 버린 것입니다. 옆에는 쇠똥구리가 긁어낸 흙 부스러기가 쌓여 있었습니다. 아주 적은 양이었습니다.

나는 다시 실험을 했습니다. 이번에는 경단을 축축한 수건으로 잘 싸서 유리병 안에 넣었습니다. 그리고 물기가 경단에 스며들기를 기다려 수건을 벗겼습니다. 물기를 머금은 경단은 아주 부드러워서 쇠똥구리가 조금만 힘을 주자 금방 구멍이 뚫렸습니다.

이번 실험은 완전히 성공했습니다. 약간의 수분은 이들에게 태양을 맞는 기쁨을 선물해 주었습니다. 쇠똥구리가 경단을 물속에 던진다고 했던 아폴론의 말이 맞았던 것입니다. 물속에 경단을 던진 것은 아니지만, 어쨌든 물이 쇠똥구리를 세상 밖으로 나오도록 도와주었으니 말입니다.

땅이 축축한 곳이라면 굳이 비를 기다리지 않고도 쇠똥구리는 경단을 깨고 나올 수 있습니다. 이 고장의 여름은 아주 무덥고 건조합니다. 그러니 쇠똥구리에게 소나기는 목숨이 달린 아주 중요한 문제입니다.

나는 막 경단을 깨고 밖으로 나온 쇠똥구리를 바구니 안에 넣어 관찰해 보았습니다. 어른이 된 쇠똥구리가 제일 먼저 하는 일이 무엇일지 궁금했기 때문입니다. 일단 쇠똥구리에게 먹이를 듬뿍 주었습니다. 오랫동안 먹지 못했으니 배가 많이 고플 것 같았기 때문입니다. 그런데 쇠똥구리는 내가 준 음식을 거들떠보지도 않았습니다. 그저 바구니의 철망을 기어 올라가 햇볕을 쬐었을 뿐입니다. 아무래도 쇠똥구리에게는 환한 태양이 필요했던 것 같습니다. 세상에 나와 처음 햇빛을 보면서 쇠똥구리는 무슨 생각을 했을까요?

햇볕을 쬔 쇠똥구리는 그제야 먹이가 있는 곳으로 달려갔습니다. 그리고 아주 말끔한 경단 하나를 만들었습니다. 세상에 태어나 처음 해 보는 것인데도 경단은 아주 둥그렇게 잘 만들어졌습니다. 본능의 힘이란 정말 놀라웠습니다.

경단을 만든 쇠똥구리는 이제 알맞은 곳을 찾아 구멍을 파기 시작할 것입니다. 막 만든 경단을 맛있게 먹기 위해서 말입니다.

숲 속의 가수 매미

매미가 노래를 부르는 이유

한여름이 되자 우리 집 정원에 매미가 찾아왔습니다. 이 매미는 참매미로, 우리 주변에서 가장 흔히 볼 수 있는 매미입니다. 우리가 매미라고 말할 때는 보통 이 참매미를 뜻합니다.

매미는 배를 강하게 움직이면서 5~6초 동안 같은 세기로 노래를 부릅니다. 그러다 잠시 쉬고, 또 다시 노래 부르기를 반복합니다. 매미가 노래하는 모습을 보면 이런 생각이 들곤 합니다.

'이 집의 주인이 나라면, 정원의 주인은 분명 매미일 거야.'

매미는 오전 7~8시쯤 노래를 시작해서 주위가 어둑어둑해지는 오후 8시쯤에 겨우 멈춥니다. 여름철마다 찾아오는

참매미
몸길이가 3.6센티미터 정도이고, 머리와 가슴의 양쪽이 검은색이며, 녹색 얼룩무늬가 있는 매밋과의 곤충.

이 가수는 하늘이 흐리거나 좀 쌀쌀한 날에는 노래를 부르지 않습니다.

매미는 어떻게 이런 노래를 부를 수 있을까요?

옛날 프랑스의 르네 레오뮈르라는 학자는 매미를 해부하여 발음 기관을 밝혀냈습니다. 그러나 정작 그는 매미의 노랫소리를 들은 적도, 살아 있는 매미를 본 적도 없었습니다.

르네 레오뮈르

프랑스의 물리학자이자 박물학자. 1683년에 태어난 그는 1703년부터 파리에서 자연 과학을 배우기 시작하여, 이후 강철과 액체 등의 물리학 분야와 곤충, 게 등의 갑각류와 조개, 불가사리 등 다양한 분야를 연구했다. 그의 대표작으로는 『곤충학을 위한 논문집』이 있다.

매미의 고향은 따뜻한 남쪽 지방입니다. 반면, 레오뮈르가 살았던 파리는 프랑스의 북쪽에 위치한 도시라서 좀처럼 매미를 볼 수 없었습니다. 그래서 그는 연구를 위해 남쪽 지방에서 잡은 매미를 알코올에 담가 역마차로 운반해서 사용해야만 했습니다.

그에 비하면 나는 살아 있는 매미를 얼마든지 볼 수 있습니다. 그러니 레오뮈르가 미처 하지 못했던 많은 연구를 할 수 있을 것입니다.

역마차
철도가 생기기 전에 서양에서 정기적으로 여행객이나 화물 등을 수송하던 마차.

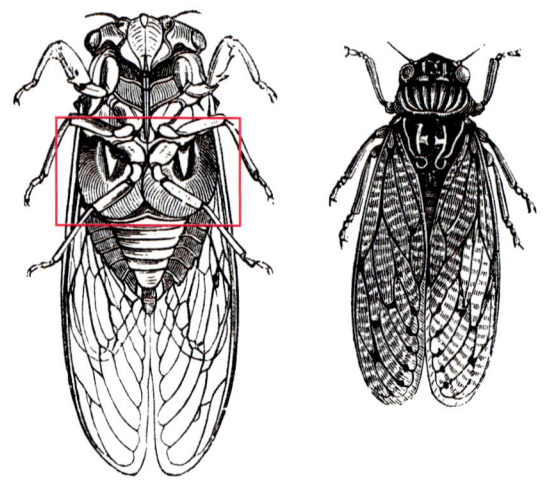

수컷의 배에만 있는 발음 기관(배판)

나는 수컷 매미 한 마리를 잡아 와 뒤집어 보았습니다. 암컷 매미가 아닌 수컷 매미를 잡아 온 것은 암컷 매미는 발음 기관이 발달하지 않아 노래를 부르지 못하기 때문입니다.

수컷 매미의 가슴 아랫부분에는 비늘이 두 개 붙어 있습니다. 이것을 배판이라고 합니다. 비늘을 들추자 오른쪽과 왼쪽에 넓은 구멍이 두 개 뚫려 있는 것이 보였습니다. 앞쪽 구멍은 노란 막으로 덮여 있고, 뒤쪽 구멍은 얇은 껍질로 막혀 있습니다. 이 껍질은 아주 영롱한 빛을 띠고 있습니다. 이 두 개의 구멍은 소리를 크게 해 주는 공명실입니다. 매미가 노래를 부르면 그 소리를 울리게 하여 크게 만들어 주는 것입니다.

그렇다면 소리는 어디서 나올까요? 소리를 내는 곳은 바로 배와 등이 연결된 부분에 뚫린 작은 구멍입니다. 이 구멍의 안쪽에는 얇은 막이 있습니다. 이 막이 바로 소리를 내는 발음막입니다. 발음막은 뒷날개가 시작되는 곳에 있는 약간

불룩한 부분과 연결되어 있습니다. 이 근육을 발음근이라고 합니다. 발음근이 수축하면 발음막이 당겨져 작은 소리가 납니다. 이 소리는 공명실을 거쳐 우리가 듣는 것처럼 아주 커다란 매미의 노랫소리를 만듭니다.

그런데 매미는 왜 이렇게 노래를 부르는 것일까요? 수컷이 암컷을 부르기 위해서라는 주장이 있는데 정말 사실일까요?

나는 아니라고 생각했습니다.

내가 매미와 친구가 된 지도 어언 15년이 지났습니다. 매년 여름마다 두 달 동안 매미를 보면서 노랫소리를 들어야 했습니다. 솔직히 말해서 그 시끄러운 노래를 계속 듣고 싶은 마음은 전혀 없었지만, 관찰을 아주 열심히 하기 위해서 어쩔 수 없었습니다.

매미는 플라타너스의 줄기에 입을 박고 열심히 나무의 즙

> ### 매미란?
>
> 매미란 곤충강 매미목 매미과에 속하는 동물을 통틀어 일컫는 말이에요. 매미의 몸길이는 12~80밀리미터로, 머리는 크고, 눈은 겹눈이며 세 개의 홑눈이 정수리에 붙어 있어요. 매미는 일생 중 애벌레의 시기가 매우 길어, 보통 6년에서 12년 동안 애벌레로 살다가 어른벌레가 돼요. 날개가 잘 발달되어 있으며, 수컷 매미는 소리를 내는 발음 기관이 있어 '맴맴' 소리를 내요. 수컷 매미는 보통 여름이 시작될때 울기 시작하며, 여름내 울다 사라지기 때문에 여름을 대표하는 곤충으로 알려져 있어요.

수축
근육 등이 오그라드는 것.

을 빨아먹고 있습니다. 어느덧 해가 기울자, 매미는 볕이 잘 드는 곳으로 자리를 옮겼습니다. 물론 노래를 계속 부르면서 말입니다. 그러나 지금 암컷과 수컷 매미는 아주 가까이 있어서 굳이 큰 소리로 노래 부를 필요가 없습니다. 여태껏 암컷이 수컷의 노래를 듣고 날아오는 모습을 본 적도 없습니다.

또 다른 이유도 있습니다. 여치나 귀뚜라미는 귀가 밝아서 친구의 노래를 잘 들어 줍니다. 새 역시 나뭇잎이 바스락거리는 조그만 소리에 노래를 멈출 정도입니다. 그런데 매미는 얼마나 둔감한지 모릅니다. 물론 커다란 겹눈은 상대를 잘 볼 수 있습니다. 우리가 조금만 다가가도 금세 알아채고 도망쳐 버리는 것만 보아도 알 수 있습니다. 그러나 매미의 뒤쪽에서 휘파람을 불고 손뼉을 치면 어떨까요? 전혀 알아듣지 못한 채 태연하게 노래를 계속할 뿐입니다.

나는 한 가지 실험을 해 보기로 했습니다. 매미에게 아주 큰 소리를 들려주고, 소리를 들을 수 있는지 없는지 확인해 보는 것입니다. 나는 마을 사람을 찾아가 축제 때 쓰는 조그만 대포를 빌려 달라고 부탁했습니다. 물론 이 대포는 소리만 나는 공포로, 축제 때 흥을 돋우기 위해 쓰는 것입니다.

"그런데 이 대포를 무슨 일로 빌리십니까?"

"실험을 하나 해 보려고 합니다. 이번 기회에 매미의 청력을 확실히 증명해 보이고 싶습니다."

내 의지에 마을 사람은 군말 없이 대포를 빌려 주었습니다. 마침 대포를 잘 쏘는 사람이 우리 집에 와서 실험을 도와주기로 했습니다.

이윽고 6명 정도의 사람들이 실험의 증인이 되기 위해 모였습니다. 매미가 몇 마리 있고, 어떤 리듬으로 노래를 부르는지는 이미 조사를 끝낸 상태였습니다.

나는 대포에 화약을 채운 뒤 나무 밑에 가져다 놓았습니다. 혹시나 유리창이 깨질까 봐 집 안팎의 창문도 모두 열어 놓았습니다. 매미들은 이제부터 어떤 일이 일어날지 꿈에도 모른 채 즐겁게 노래를 부르고 있었습니다.

"쾅!"

여름을 상징하는 매미

공포
진짜 탄환 대신 나무나 종이로 만든 마개를 이용해 쏘아 소리만 나게 만든 탄약.

> ### 곤충의 귀
>
> 소리라는 것은 공기의 진동이기 때문에 대부분의 곤충은 몸 전체에 나 있는 털 안에서 소리를 감지해요. 그렇지만 소리를 내는 곤충들, 예를 들어 매미, 귀뚜라미 등은 따로 소리를 듣는 귀를 가지기도 해요. 이때의 귀는 사람처럼 머리의 양옆에 붙어 있는 것이 아니라 배, 다리, 가슴 등 다양한 위치에 있어요. 특히 귀뚜라미의 귀는 다리에 있어 그곳에서 소리를 감지해요.

마을 사람이 대포를 한 발 쏘았습니다. 순간 하늘을 찢을 듯한 엄청난 소리가 울려 퍼졌습니다. 그 소리가 어찌나 시끄럽던지 꼭 천둥이 치는 것만 같았습니다.

이 대포 소리에 매미 합창단의 노래가 멈추었을까요? 천만에요. 노래를 부르는 매미의 수도, 노래의 리듬에도 전혀 변화가 없었습니다. 실험에 참가한 6명의 사람들도 확인한 사실입니다.

대포를 한 번 더 쏘았으나 결과는 마찬가지였습니다. 나무 위에서는 여전히 매미들의 신 나는 노랫소리가 들려왔습니다. 다른 곳으로 날아간 매미는 단 한 마리도 없습니다. 매미가 완전히 귀가 먹은 것인지는 잘 모르겠지만, 적어도 귀가 아주 어두운 것만은 확실했습니다. 매미는 크게 노래를 부르면서도 정작 자신의 노랫소리를 듣지 못하는 것입니다.

길가의 자갈 위에서 메뚜기는 햇볕을 쬐며 뒷다리로 앞날개를 비벼 소리를 내고 있습니다. 청개구리는 낮은 나무 사이에서 매미에게 지지 않겠다는 듯이 아주 시끄럽게 울고 있습니다. 목소리가 잔뜩 쉰 것이, 암컷을 부르는 것 같지는 않습니다.

메뚜기와 청개구리, 그리고 매미의 울음소리에 별다른 이유가 있는 것은 아닙니다. 이들이 노래를 부르는 것은 살아 있는 기쁨을 표현하기 위해서가 아닐까요? 나는 그렇게 생각하고 있습니다.

매미와 개미

매미는 여름 내내 나무에서 노래를 부릅니다. 그래서 매미를 보고 이렇게 생각하는 사람이 있을지도 모릅니다.

'매미는 아주 게으른 곤충이야. 저것 봐, 매일 노래만 부르고 있잖아.'

그러나 이것은 오해입니다. 매미는 게으르지 않습니다. 적어도 제가 먹을 것은 자신의 힘으로 마련하는 곤충입니다.

찌는 듯이 무더운 오후입니다. 쨍쨍 내리쬐는 햇볕에 나무들도 잎사귀를 축 늘어뜨리고 있습니다. 곤충들은 물을 찾아 이곳저곳을 돌아다닙니다. 한 방울의 이슬이라도 찾아내 목을 축이려는 것입니다.

매미는 아무 걱정 없습니다. 지금 매미는 나무의 수액을 빨아먹고 있습니다. 매미의 입은 아주 뾰족합니다. 이렇게 가느다란 대롱처럼 생긴 입을 나무줄기에 찔러 넣으면 시원하고 달콤한 수액을 얼마든지 마실 수 있습니다.

매미가 나무줄기에 구멍을 내자 수액이 흘러내리기 시작했습니다. 이윽고 달콤한 수액 냄새를 맡은 곤충들이 여기저기서 몰려들기 시작했습니다. 말벌과 땅벌, 집게벌레, 개미 등 여러 종류의 곤충들이 모였습니다.

작은 곤충들은 수액을 마시기 위해 매미의 배 아래로 몸을 집어넣기 시작합니다. 매미는 너그럽게도 몸을 살짝 들어 이들이 쉽게 들어갈 수 있도록 도와주었습니다. 몸집이 큰 곤충들은 옆에서 수액을 한 입씩 먹습니다. 그러다 매미가 입을 가져다 대면 금세 뒤로 물러납니다.

그러다 큰 곤충들은 이런 생각을 하게 되었습니다.

'매미 녀석이 없으면 수액을 마음껏 마실 수 있을 텐데 말이야.'

결국 곤충들은 주인인 매미를 쫓아내기로 마음먹었습니다. 그중 제일 앞장서서 매미를 괴롭히는 것이 바로 개미입니다. 개미는 매미의 다리를 꼭 붙잡고 늘어지고, 날개를 물어뜯기 시작합니다. 아예 매미의 입을 콱 물어 버리는 개미

수액
땅속에서 나무의 줄기를 통해 잎으로 올라가는 액체. '나뭇진'이라고도 한다.

대롱
속이 비어 있는 길쭉한 관을 통틀어 이르는 말.

집게벌레
몸길이가 2.2~2.4센티미터이며, 가늘고 배 끝에 집게가 달린 집게벌레목의 곤충을 통틀어 이르는 말.

잡식성인 개미에게는 매미나 수액은 모두 좋은 먹잇감

도 있습니다. 저러다 매미가 입을 다치기라도 하면 더 이상 수액을 팔 수 없다는 사실을 잊은 모양입니다.

이렇게 개미 떼의 괴롭힘에는 매미도 별 수 없습니다. 매미는 결국 자신이 판 이 달콤한 수액 우물을 떠나기로 했습니다. 그런데 그냥 떠나려니 개미 떼가 괘씸해서 견딜 수가 없습니다. 매미는 개미 떼를 향해 오줌을 찍 뿌리고 날아가 버렸습니다.

오줌을 맞은 개미들은 꿈쩍도 하지 않았습니다. 이제 이 수액을 마음껏 마실 수 있게 되었기 때문입니다.

매미가 사라지고 나자 이제 수액은 나머지 곤충들의 차지가 되었습니다. 특히 개미는 아주 신이 나서 수액을 빨아먹었습니다. 그런데 이 수액은 얼마 못 가 금세 말라 버렸습니다. 곤충들은 아쉬워하며 나무를 떠났습니다.

개미가 매미를 괴롭히는 것은 이뿐만이 아닙니다. 목숨이 다하여 땅에 떨어진 매미는 개미의 아주 좋은 먹이가 됩니다. 심지어는 아직 숨이 끊어지지 않은 매미에게 달려들어 물어뜯는 모습도 볼 수 있습니다. 그리고 매미를 여러 조각으로 나누어 땅속 창고에 보관해 둡니다.

  매미의 이런 모습은 매우 안타깝게 보이기도 합니다. 어쩌면 개미는 왜 저렇게 못됐냐고 화를 내는 사람이 있을지도 모르겠습니다. 그러나 기억해 두세요. 매미가 유독 착한 것도, 개미가 못된 것도 아닙니다. 이들은 그저 자신의 본능에 따라 자연 속에서 충실히 살아가는 것뿐입니다.

터널을 뚫고
밖으로, 밖으로

 6월 하순이 되면 길바닥에 엄지만 한 구멍이 뚫려 있는 모습을 볼 수 있습니다. 바로 매미 애벌레가 땅속에 있다가 나온 구멍입니다. 매미의 애벌레를 굼벵이라고도 합니다. 구멍의 지름은 2.5센티미터 정도인데, 다른 곤충처럼 주위에 흙더미가 쌓인 것을 찾아볼 수 없습니다. 매미 애벌레가 구멍을 파는 순서가 다른 곤충과 다르기 때문입니다.

 보통 곤충들은 바깥쪽에서 안쪽으로 구멍을 파 들어갑니다. 파낸 흙을 뒤로 밀어내다 보니 자연스럽게 입구에 흙더미가 생깁니다. 반면, 매미 애벌레는 땅속에서 밖을 향해 구멍을 뚫기 때문에 입구에 흙더미가 생기지 않습니다.

 나는 이 구멍 속을 자세히 살펴보았습니다. 구멍의 깊이는 약 40센티미터로, 약간 구부러지기는 했지만 곧게 뻗어 있

고, 맨 밑에는 방이 하나 있습니다. 벽에는 진흙을 잔뜩 발라 놓아 애벌레가 움직여도 무너질 염려는 없어 보였습니다.

다 자란 매미 애벌레는 허물을 벗기 위해 밖으로 나옵니다. 그때 매미 애벌레를 손으로 슬쩍 건드리면 구멍 속으로 도망쳐 버립니다. 애벌레에게 바깥 환경은 아주 중요합니다. 그러니 세상 밖으로 완전히 나오려 할 때에도 구멍은 절대로 막혀 있으면 안 됩니다. 여차하면 다시 들어가 있어야 할지도 모르기 때문입니다.

또한 구멍은 단지 바깥으로 나오는 통로만이 아닙니다. 매미 애벌레가 아주 오랫동안 살아야 하는 보금자리이기도 합니다. 매미 애벌레는 땅속에 살기 때문에 바깥의 날씨를 알 수 없습니다. 그래서 가끔 구멍 위로 올라가 날씨를 조사해 보다가 날씨가 괜찮은 것 같으면 천장을 뚫고 밖으로 나옵니다.

매미 애벌레를 조사하다 보니 몇 가지 궁금한 것이 생겼습니다. 매미 애벌레는 파낸 흙을 어디에 치웠을까요? 바깥에 흙이 없다면 구멍 안에 있는 것이 아닐까요? 나는 구멍 안을 살펴보았습니다. 그러나 흙은 그 어디에도 보이지 않았습니다.

허물
파충류나 곤충 등이 자라면서 벗는 껍질.

땅속에서 나무즙을 먹으며 8년 정도 사는 매미 애벌레

비단벌레와 하늘소의 애벌레는 나무를 갉아먹고 소화시켜 부피가 작은 가루로 만들어 냅니다. 그리고 그 가루로 터널 뒤쪽을 메우며 앞으로 나아갑니다. 그러나 매미 애벌레의 경우, 흙을 뒤로 밀어 구멍을 메우기에는 방의 크기가 너무 컸습니다. 애벌레에게 무언가 특별한 비법이 숨어 있는 것이 분명했습니다.

나는 애벌레가 땅 위로 나오는 모습을 관찰해 보았습니다. 신기하게도 구멍에서 나온 애벌레의 몸은 항상 진흙투성이였습니다. 이 메마른 흙에서 어떻게 진흙을 뒤집어쓰고 나왔을까요? 구멍의 벽은 또 어떻게 진흙으로 칠한 것일까요? 혹시 굼벵이가 직접 진흙을 만드는 건 아닐까요?

정말 운 좋게도 나는 구멍에서 나오는 매미 애벌레 한 마리를 발견했습니다. 땅 위에서는 아무리 찾아봐도 매미 애벌레가 어디로 구멍을 파고 나올지 전혀 감을 잡을 수 없기 때문입니다.

내가 발견한 매미 애벌레는 예전에 본 것보다 훨씬 색이 옅었습니다. 몸은 아주 퉁퉁 부어 있었습니다. 그런데 손으로 매미 애벌레를 잡자 꽁무니에서 '찍!' 하고 오줌을 누는 것입니다.

"그렇구나!"

나는 외쳤습니다. 수수께끼의 비밀은 바로 이것이었습니다. 매미 애벌레는 오줌을 흙과 버무려 진흙을 만들고, 그것을 배로 벽에 바르느라 온몸이 진흙투성이가 되었던 것입니다. 애벌레는 매미가 된 후에도 오줌은 계속 눌 수 있습니다. 그래야 수액을 먹은 뒤 필요 없는 수분을 내보낼 수 있기 때문입니다. 매미는 가끔 사람이 가까이 다가오면 오줌을 뿌리고 날아가기도 합니다.

그런데 애벌레는 어떻게 계속해서 오줌을 눌 수 있을까요? 나는 구멍을 몇 개 더 파 보고서 바로 답을 얻었습니다. 방의 바닥에는 언제나 나무뿌리가 있었습니다. 처음부터 나

곤충의 기원과 진화

곤충은 지금으로부터 약 3억 5,000만 년 전인 고생대 석탄기에 처음 지구상에 나타났어요. 그렇지만 처음 곤충이 나타났을 때에는 지금과 같은 모습은 아니었고, 날개가 있는 곤충은 더 나중에 나타났어요. 이때에는 곤충의 크기가 지금보다 커서 잠자리의 날개 길이만 40센티미터나 될 정도였어요. 곤충이 생겨난 후부터 지금까지 많은 종이 사라졌고, 살아남기 위해 진화하였으며, 새로운 종도 나타났어요. 그렇지만 오늘날 우리와 생활하는 곤충은 인간이 지구상에 등장하기 전부터 지금까지 약 2억 년째 끈질긴 생명력으로 번성하고 있어요.

무뿌리가 있는 곳에 방을 만들어서 필요할 때마다 물을 빨아먹는 것입니다.

만약 나무뿌리가 없고 오줌도 눌 수 없으면 어떻게 될까요? 나는 바깥으로 나온 애벌레를 잡아 시험관 바닥에 넣고, 그 위에 마른 흙을 채웠습니다. 자연 상태의 것보다 더 부드러운 흙이었습니다. 그러나 이곳에서는 아무리 목이 말라도 물을 마실 수 없습니다.

매미 애벌레는 사흘 동안 애를 썼지만, 고작 위로 3센티미터밖에 올라오지 못했습니다. 매미 애벌레가 흙을 건드리면 부서져 내렸습니다. 그렇다고 오줌을 누어 진흙으로 반죽할 수도 없습니다. 결국 매미 애벌레는 힘이 빠져 다음 날 죽고 말았습니다. 만약 오줌을 누어 진흙을 뭉칠 수 있었다면 결과는 달라졌을 것입니다.

나는 이제 막 땅 위로 올라오려는 매미 애벌레로 다시 실험을 해 보았습니다. 이 매미 애벌레는 오줌주머니도 가득 차 있고, 몸도 아주 축축했습니다. 매미 애벌레는 오줌을 누어 흙을 뭉치며 앞으로 나아갔습니다. 시간이 지나자 점차 길이 뚫리기 시작했습니다. 그러나 평소보다 허술하여 위쪽을 뚫고 있는 동안에 아래쪽 길이 무너져 내렸습니다. 아무래도 매미 애벌레는 물을 마실 수 없다는 것을 알고 오줌을 필요한 만큼만 아껴서 사용한 것 같습니다.

열흘이 지나자 애벌레는 무사히 시험관 밖으로 나왔습니다.

'애벌레는 어떻게 허물을 벗을까?'

나는 매미 애벌레가 허물 벗는 모습을 알고 싶었습니다. 그래서 이제 막 땅 위로 나온 매미 애벌레를 관찰해 보았습니다. 매미 애벌레는 근처를 돌아다니더니, 이내 나뭇가지로 기어갔습니다. 그리고 갈고랑이 같은 앞다리로 나뭇가지를 꽉 붙잡았습니다.

우화를 준비하기 위해 나무를 오르는 종령 애벌레

이때 나뭇가지가 튼튼하다면 매미 애벌레는 가운뎃다리와 뒷다리까지 사용하여 나뭇가지에 찰싹 달라붙습니다. 나뭇가지가 약하여 쉽게 부러질 것 같으면 앞다리만 사용하여 매달려 있습니다. 가운뎃다리와 뒷다리를 쓰지 않아도 매미 애벌레는 쉽게 떨어지지 않습니다.

매미 애벌레는 나뭇가지가 마음에 든 모양입니다. 허물을 벗고 우화를 하기 시작한 것입니다. 가장 먼저 허물의 등 한 가운데가 쩍 갈라졌습니다. 그리고 그 틈이 점점 커지면서

우화
번데기가 날개 있는 어른벌레가 되는 것.

번데기 과정을 거치지 않고 애벌레에서 성충이 되는 매미의 우화 과정

연한 녹색을 띤 매미의 몸이 나타났습니다. 그 다음 눈 부분이 갈라지며 매미의 빨간 눈이 드러났습니다. 등 한가운데는 부풀어 있었는데, 그곳으로 피가 흘러들고 있었습니다. 피가 흐를 때마다 등 한가운데가 부풀었다 오그라들기를 반복했습니다. 심장이 뛰고 있는 것입니다.

매미가 허물을 벗는 속도는 아주 빨랐습니다. 머리가 나오자마자 곧바로 입과 앞다리가 나왔습니다. 허물을 절반 이상 빠져나온 매미는 몸을 위로 젖혀 하늘을 바라보았습니

다. 그러자 허물 속에 있던 뒷다리와 날개가 빠져나왔습니다. 날개는 잔뜩 구겨진 채 젖어 있었습니다. 여기까지 걸린 시간은 고작 십 분 정도였습니다.

이제부터는 시간이 좀 걸릴 수 있습니다. 아직 매미의 꼬리가 남아 있기 때문입니다. 매미는 꼬리를 빼내기 위해 머리를 숙이고 몸을 뒤로 힘껏 젖혔습니다. 그사이 날개는 활짝 펴졌습니다. 매미는 앞다리로 허물을 붙잡고 힘을 주어 꼬리를 빼냈습니다. 드디어 몸 전체가 완전히 밖으로 나온 것입니다. 여기까지는 약 삼십 분이 걸렸습니다.

만약 매미 애벌레를 거꾸로 매달면 어떻게 될까요? 나는 애벌레의 뒷다리를 실로 묶어 커다란 시험관에 매달아 놓았습니다. 애벌레는 다리를 흔들며 이리저리 버둥거리기만 했습니다. 매미 애벌레가 허물을 벗기 위해서는 머리가 위쪽을 향해야 하기 때문입니다. 우연히 앞다리가 실에 걸린다면 방향을 바꾸어 머리를 위로 향하게 할 수 있습니다. 그러나 실에 다리가 걸리지 않으면 허물을 벗지 못해 죽게 됩니다.

이런 실험은 어떨까요? 나는 유리병 속에 모래를 깔고 매미 애벌레를 넣었습니다. 매미 애벌레는 허물을 벗기 위해 유리벽에 발을 붙이려 했지만, 벽이 미끄러워 발을 대는 족

족 떨어지고 말았습니다. 결국 허물을 벗지 못한 매미 애벌레는 죽고 말았습니다. 어쩌다 모래 위에서 허물을 벗는 녀석도 있지만, 그런 경우는 아주 드뭅니다.

매미가 허물을 벗는 것은 콩과 콩꼬투리의 관계와 같습니다. 일단 콩꼬투리가 터지면 얼마든지 콩이 튀어나올 수 있습니다. 매미도 마찬가지입니다. 일단 허물이 갈라지면 얼마든지 매미도 허물을 벗을 수 있습니다. 이때 주위 사정이 좋지 않으면 허물 벗는 일을 늦출 수는 있지만, 너무 오래 미루었다가는 죽고 맙니다. 물론 이것은 나의 실험일 뿐, 자연 속에서는 애벌레를 방해하는 일이 그렇게 자주 일어나지는 않습니다. 매미 애벌레는 풀숲으로 들어가 허물을 벗을 수 있습니다.

허물을 벗은 매미는 아직 완전한 매미의 모습은 아닙니다. 날개는 아직 젖어서 유리처럼 투명하고, 몸은 여전히 연두색을 띠고 있습니다. 이 어린 매미가 우리가 평소에 보는 것처럼 단단한 갈색 몸을 지닌 어른 매미가 되기 위해서는 바람을 맞고 햇볕을 쬐며 기다려야만 합니다.

매미는 약한 바람에도 연두색 몸을 바르르 떨었습니다. 그러던 사이 몸의 색이 점점 짙어졌습니다. 삼십 분 정도 지

나무에 붙어 있는 매미 허물

나자 여느 매미처럼 갈색이 되었습니다.

맨 처음 매미 애벌레가 나뭇가지에 오른 건 오전 9시였습니다. 그리고 약 세 시간 삼십 분이 지나자 애벌레는 매미가 되어 내 눈앞에서 날아갔습니다. 이제 매미는 훨훨 날아다니며 땅 위에서의 생활을 만끽할 것입니다.

매미가 나간 뒤에도 허물은 여전히 나뭇가지에 붙어 있습니다. 어찌나 단단하게 붙어 있는지 늦가을의 세찬 바람에도 절대 떨어지지 않습니다. 허물은 한겨울까지 대롱대롱 매달려 있기도 합니다.

매미 애벌레로 만드는 요리

혹시 매미 애벌레를 먹는다는 이야기를 들어 본 적이 있습니까? 나는 마티올이라는 학자가 쓴 책에서 이런 내용을 읽었습니다. 고대 그리스의 철학자이자 과학자인 아리스토텔레스에 의하면, 옛날 그리스 사람들은 매미 애벌레를 즐겨 먹었다고 합니다. 심지어 아리스토텔레스는 이런 말을 하기도 했답니다.

"매미의 애벌레는 허물을 벗기 전이 가장 맛이 좋다."

이 구절을 읽자 문득 이런 생각이 들었습니다. 옛날 사람들은 이 요리를 어떻게 만들었을까? 근처 언덕에서 매미 애벌레가 작은 나뭇가지에 매달려 허물을 벗으려는 것을 붙잡아 집으로 가져왔을까?

매미 애벌레는 나뭇가지를 찾으면 2~3분 안에 허물을 벗

기 시작합니다. 부엌에 가져갔을 때는 이미 허물을 벗은 뒤였을 것입니다.

나만 해도 연구할 때는 항상 대문 근처에서 발견한 매미 애벌레만 사용합니다. 더 멀리 나갔다가는 매미 애벌레가 허물을 벗기 전에 연구실로 돌아올 수 없기 때문입니다. 그러니 사람들은 땅 위로 막 나와서 알맞은 장소를 찾아 두리번거리는 매미 애벌레를 바로 잡아 부엌으로 가져갔을 것입니다.

'매미 애벌레가 맛이 좋다는 이야기가 정말 사실일까?'

나는 아리스토텔레스의 말대로 매미 애벌레가 맛있을지 궁금해서 참을 수 없었습니다. 그래서 직접 먹어 보기로 했습니다.

매미가 된 티토노스

티토노스는 트로이의 왕 라오메돈의 아들로, 그리스 신화에 나오는 인물이에요. 새벽의 여신 에오스는 아름답고 총명한 티토노스를 만나 사랑에 빠졌어요. 에오스는 티토노스를 위해 제우스에게 그를 영원히 죽지 않고 살게 해 달라고 청했어요. 제우스는 에오스의 부탁을 들어주어 티토노스는 영원한 생명을 얻었어요. 에오스와 티토노스는 두 아들을 얻어 행복한 나날을 보냈지만, 티토노스가 점점 늙어 갔어요. 에오스는 제우스에게 영원한 생명을 달라고만 했지, 영원한 젊음까지 달라고 하지는 않았던 거예요. 결국, 늙어 몸을 가눌 수 없을 정도가 된 티토노스가 자신의 처지를 서글퍼하며 끝없이 혼잣말을 하자, 에오스는 그를 더 볼 수 없어 매미로 만들었어요.

보호색이란?

동물들은 다른 동물의 공격을 피하기 위해 다양한 방법을 사용해요. 그중 하나가 바로 '보호색'이에요. 보호색은 동물이 주위와 비슷한 몸 색깔이나 모습으로 자신을 위장해 몸을 보호하는 거예요. 주로 파충류, 양서류, 곤충류 등의 동물에서 찾을 수 있는데, 대표적인 예가 바로 파충류에 속하는 카멜레온이에요. 곤충 중에서 보호색을 띠는 종류는 풀무치, 방아깨비, 호랑나비 등이 있어요.

7월의 어느 날 아침, 나와 식구들은 애벌레를 찾아 이곳저곳을 돌아다녔습니다. 마침 매미가 많이 있는 샛길 가장자리에서 매미 애벌레를 발견할 수 있었습니다. 나는 매미 애벌레를 물이 담긴 컵 속에 넣어 허물을 벗지 못하게 했습니다. 그 후로도 땀을 뻘뻘 흘리며 한참을 뒤졌지만 잡은 것은 겨우 네 마리뿐이었습니다.

집에 가니 매미 애벌레는 물속에서 거의 다 죽어 가고 있었습니다. 이미 죽은 것도 있었습니다. 그러나 어차피 기름에 튀겨 요리할 것이니 크게 상관없었습니다. 나는 매미 애벌레의 맛 자체를 느낄 수 있도록 아주 간단히 요리했습니다. 올리브유 몇 방울과 소금, 그리고 양파가 요리 재료의 전부였습니다. 드디어 매미 애벌레 요리가 완성되었습니다. 맛을 보니 새우와 비슷한 것이 그런대로 괜찮았습니다. 그러나 새우보다 훨씬 딱딱했

고, 수분이 너무 적어 다른 사람들에게 권할 수는 없었습니다.

내 생각인데, 아리스토텔레스는 매미 애벌레 요리를 먹지 않았을 것입니다. 아마 주위의 농부가 아리스토텔레스에게 이렇게 이야기했을지 모릅니다.

막 허물을 벗고 나온 매미

"박사님, 허물을 벗지 않은 매미 애벌레가 그렇게 맛이 좋답니다!"

아리스토텔레스는 위대한 학자입니다. 그렇지만 매미에 관해서라면 도시에서 살았던 그보다 시골에 사는 농부가 더 잘 알았을 것입니다. 아마 농부는 아리스토텔레스를 좀 놀려 주고 싶었던 모양입니다. 그래서 매미의 애벌레는 신이 주신 맛있는 음식이며, 이 애벌레는 농사일을 하는 농부만이 쉽게 잡을 수 있다고 떠벌렸을 것입니다.

이런 이야기를 하는 이유는 나도 근처의 농부들에게 여러

가지 이야기를 들은 적이 있기 때문입니다. 그들에게서 들은 이야기를 다 풀어 놓는다면 정말 엄청날 것입니다. 그중 하나만 말해 보자면, 다음과 같습니다.

내가 사는 고장의 어느 농부에게서 들은 이야기입니다. 그 농부는 매미가 신장병의 특효약이라고 했습니다. 그래서일까요? 여름이 되면 마을 사람들은 매미를 잡아 염주처럼 엮은 다음, 햇볕에 말려 소중히 간직해 두었습니다. 매미 염주를 만들어 두지 않는 주부는 준비성이 없는 여자라는 핀잔을 들어야 했습니다.

그런데 이 약이라면, 나도 전에 모르고 먹은 적이 있습니다. 그게 과연 효과가 있는지는 아직도 미지수이지만 말입니다.

산란과 알의 부화

어른이 된 암컷 매미는 2~3주가 지나면 알을 낳기 시작합니다. 이 시기는 보통 7월 중순쯤입니다. 보통 마른 나뭇가지를 고르지만 가끔 잎이나 꽃이 핀 가지에 낳기도 합니다. 먼저 온 매미가 알을 낳고 있으면, 나중에 온 매미는 곧장 다른 곳으로 떠납니다. 그래서 알 낳을 장소 때문에 싸우는 일은 거의 없습니다.

막 알을 낳으려는 매미는 배 아래쪽에 있는 산란관을 나무를 찔러 넣어 구멍을 뚫습니다. 그리고 그 안에 알을 낳습니다. 알을 낳는 동안 매미의 배는 불룩해졌다가 오므라들기를 반복합니다. 사람을 경계하는 매미지만, 이때만큼은 사람이 가까이 가도 도망치지 않습니다. 그만큼 매미가 알

산란관
주로 곤충류의 암컷에 있는 알을 낳기 위한 기관. 산란을 위해 배 끝에 있다

151

낳는 일에 온 신경을 기울이고 있다는 뜻입니다.

　매미가 구멍 하나에 알을 낳는 시간은 약 십 분 정도입니다. 매미는 구멍 하나에 알을 다 낳고 나면 1센티미터 정도 위쪽에 구멍을 뚫어 또 알을 낳습니다. 매미는 이런 식으로 줄기의 아래쪽에서 위쪽으로 옮겨 가며 알을 낳습니다.

　매미가 알을 낳기 위해 뚫는 구멍은 약 30~40개 정도 됩니다. 이 모든 구멍에 다 알을 낳는 데에는 6~7시간 정도가 걸립니다. 구멍은 처음에는 곧게 줄지어 있지만 조금씩 방향이 휘어지기 시작합니다. 매미가 태양이 이동하는 방향을 따라 구멍을 파기 때문입니다.

　비스듬하게 늘어선 구멍의 길이는 약 30센티미터 정도입니다. 매미는 구멍 하나마다 7~15개 정도의 알을 낳습니다. 이를 바탕으로 매미 한 마리가 낳는 알의 총 개수를 계산해 보면 무려 300~400개나 된다는 사실을 알 수 있습니다. 레오뮈르가 암컷 매미를 잡아 난소 속에 있는 알을 세었을 때에도 이 정도의 개수였습니다.

　매미는 왜 이렇게 많은 알을 낳는 것일까요? 매미의 천적인 참새를 대비하기 위한 것일까요? 매미는 참새가 아주 좋

난소
생물의 암컷이 알이나 새끼를 낳는 데 바탕이 되는 기관.

아하는 먹이 중 하나입니다. 참새는 매미가 있는 지붕 근처에서 매미를 노리다가 플라타너스 줄기로 확 덤벼듭니다. 그리고 아무것도 모른 채 노래를 부르고 있던 매미를 붙잡아 부리로 조각을 내어 새끼들에게 먹입니다.

그렇지만 참새가 항상 매미를 잡을 수 있는 것은 아닙니다. 솔직히 말해서 매미를 놓치고 빈손으로 돌아가는 경우가 더 많습니다.

그렇다면 매미는 어떤 위험에 대비하기 위해 이토록 많은 알을 낳는 것일까요? 나는 잠시 후 나타난 불청객을 보고 그 해답을 얻을 수 있었습니다. 바로 **기생벌**이었습니다.

암컷 배 마디 끝에 달려있는 바늘 모양의 산란관

기생벌은 매미가 알을 낳는 모습을 보며 호시탐탐 기회를 노리고 있었습니다. 마침 매미가 구멍 하나에 알을 다 낳았습니다. 알을 낳은 매미는 곧바로 다음 구멍을 만들기 위해 위쪽으로 향했습니다. 그러자 기생벌은 아주 천연덕스럽게 매미가 알을 낳아 놓은 구멍으로 다가가 매미의 알 옆에 자신의 알을 낳았습니다.

알에서 깨어난 기생벌의 애벌레에게 매미의 알은 아주 좋

기생벌
애벌레 때 다른 곤충이나 거미 등의 몸이나 알집에 살면서 영양소를 얻고 자라는 벌을 통틀어 이르는 말.

줄기 안에 낳아 놓은 매미의 알

은 먹이가 될 것입니다. 기생벌 애벌레 한 마리는 매미의 알을 무려 12개도 넘게 먹어 치웁니다. 그러니 매미가 300~400개나 되는 알을 낳는 것은 매미보다 훨씬 작은 이 기생벌 때문일지도 모르겠습니다. 매미는 가능한 많은 수의 자식들을 남기려는 것입니다.

그러나 기생벌은 생태계에 꼭 필요한 존재입니다. 만약 기생벌이 매미의 알을 먹지 않는다면 어떻게 될까요? 매미가 한 번 알을 낳을 때마다 수백 마리나 되는 매미들이 자라난다고 생각해 보십시오. 그 매미들이 모두 나무 수액을 빨아먹는다면 나무들은 금세 말라 죽고 말 것입니다. 나무가 없으면 수액을 먹을 수 없으므로 매미들도 모두 죽게 될 것입니다.

가을이 다가오자 매미의 알은 상아색에서 연한 갈색으로 변했습니다. 10월 초가 되자 알의 끄트머리에서 새끼의 눈을 볼 수 있었습니다. 이제 곧 매미 애벌레가 깨어날 것입니다. 애벌레는 몹시 춥다가 햇볕이 내리쬐는 따스한 날에 알 속에서 나옵니다. 나는 일부러 이런 날을 골라 매미의 알을 관찰했습니다. 그러나 2년이 지나도록 애벌레가 깨어나는 모습을 단 한 번도 보지 못했습니다.

계절은 점점 깊어져 어느덧 10월 말이 되었습니다.

'올해도 애벌레를 보긴 글렀나 보군.'

나는 정원에서 매미가 알을 낳은 줄기를 한 아름 가지고 돌아왔습니다. 겨울이 오기 전에 마지막으로 한 번 더 조사해 보고 싶었기 때문입니다. 날씨가 꽤 쌀쌀했기 때문에 올해 처음으로 난로에 불을 피웠습니다. 그리고 별 생각 없이 줄기를 난로 앞 의자에 올려놓았습니다.

그러자 아주 놀라운 일이 벌어졌습니다. 확대경으로 관찰해 보니, 줄기 속에서 애벌레가 모습을 드러낸 것입니다. 그것도 무려 12마리나 말입니다. 햇볕을 쬔 것과 같은 효과가 나타난 것입니다.

그런데 애벌레는 이상한 모습을 하고 있었습니다. 두 개의 앞다리가 배에 붙은 자루 안에 들어 있었던 것입니다. 얼핏 보면 물고기 모양 같기도 했습니다. 이런 애벌레를 '전 애벌레'라고 부릅니다.

껍질 속에 꼬리를 집어넣은 매미 애벌레

물론 여기에는 나름의 이유가 있습니다. 알에서 깬 애벌레는 아주 좁은 구멍을 빠져나와야 합니다. 이 구멍 속에는 다른 형제들의 알도 가득 차 있습니다. 그래서 다른 것에 걸리지 않게 양쪽 앞다리가 자루 안에 들어 있는 것입니다.

밖으로 나온 애벌레는 자신을 둘러싸고 있는 껍질을 벗기 시작했습니다. 더듬이와 긴 다리, 갈고리 모양의 앞다리가 드러났습니다. 우리가 아는 바로 그 애벌레의 모습입니다. 이 애벌레를 '일령 애벌레'라고 부릅니다. 전 애벌레가 껍질을 벗고 나오면 일령 애벌레가 되는 것입니다.

일령 애벌레의 앞다리는 흙을 파는 데 아주 유용한 도구입니다. 몸은 처음에는 하얗지만 점점 호박색으로 변해 갑니다.

이윽고 애벌레는 껍질 속에 꼬리를 집어넣은 채 나뭇가지에 매달려 땅 위로 떨어질 기회를 노립니다. 어떤 녀석은 얼마 안 되어 바로 떨어지기도 하고, 어떤 녀석은 몇 시간 동안이나 계속 매달려 있기도 합니다.

그러다 '이때다!' 싶으면 아래로 풀쩍 떨어집니다. 만약 바람에 날려 엉뚱한 곳으로 떨어지면 어떻게 될까요? 바위나 웅덩이에 떨어진 애벌레는 땅속으로 들어가 보지도 못한 채 그대로 죽고 맙니다. 흙을 팔 수 없을 정도의 단단한 땅도 마찬가지입니다.

운 좋게 적당한 곳에 떨어진 애벌레라도 이것으로 끝이 아닙니다. 애벌레는 어른이 될 때까지 숨어 지낼 구멍을 파야 합니다. 이제 곧 추운 겨울이 다가오기 때문에 조금이라도 늑장을 부리다가는 금세 얼어 죽고 말 것입니다. 게다가 땅 위에는 애벌레를 호시탐탐 노리는 개미들도 있습니다. 그러니 개미에게 발견되기 전에 땅속으로 숨어야만 합니다.

매미 애벌레는 이곳저곳 돌아다니며 적당한 장소를 찾은 뒤 앞다리로 흙을 팝니다. 일단 한 번 땅속에 들어가면 몇 년 동안은 계속 구멍 속에 있어야 합니다. 그러다 어느 여름날, 땅 위로 기어 나와 허물을 벗고 어른 매미가 되는 것입니다.

나는 매미 애벌레가 흙을 파는 것을 관찰해 보기로 했습니다. 그리고 커다란 유리그릇에 체에 친 흙을 담아 보리를 심어 두었습니다. 보리가 잘 자라도록 흙은 비옥한 부식토를 선택했습니다.

보리의 새싹이 나오자 여섯 마리의 매미 애벌레를 흙 위에 풀어 놓았습니다. 그런데 매미 애벌레들은 흙을 파지 않고 이리저리 돌아다니기만 했습니다. 심지어 유리그릇의 안쪽을 기어오르는 녀석도 있었습니다. 매미 애벌레들은 흙 속으로 들어갈 생각이 전혀 없는 것 같았습니다.

이렇게 돌아다닌 지도 두 시간이 지났습니다. 녀석들은 지치지도 않은 채 계속 유리그릇 안을 기어 다녔습니다. 나는 슬슬 걱정이 되기 시작했습니다.

'왜 흙을 파지 않고 저렇게 돌아다니는 거지? 애벌레에게 무언가 더 필요한 게 있는 걸까?'

나는 밀알과 잎사귀, 새싹 같은 것을 넣어 주었습니다. 그러나 이런 것은 관심 밖이라는 듯 매미 애벌레는 거들떠보지도 않았습니다.

얼마쯤 지났을까요? 드디어 매미 애벌레들이 갈퀴 모양의 앞다리로 땅을 파기 시작했습니다. 나는 밀려오는 흥분을 가라앉히고 확대경으로 매미 애벌레들이 흙 파는 모습을 자

부식토
흙 속에서 식물이 썩으면서 영양소가 많아진 짙은 갈색의 비옥한 흙.

세히 관찰했습니다. 이윽고 구멍이 뚫리더니, 매미 애벌레들이 그 안으로 들어가 모습을 감추어 버렸습니다.

나는 다음 날 다시 애벌레를 관찰해 보았습니다. 애벌레들은 모두 유리그릇의 바닥에 있었습니다. 계산해 보니 애벌레들은 24시간 동안 약 10센티미터의 땅을 파내려갔습니다. 만약 바닥이 없었다면 좀 더 깊이 내려갔을 것입니다.

어른 매미가 되어 약 2주를 살면서 산란하고 죽는 매미

한 달 뒤, 나는 애벌레를 다시 조사해 보았습니다. 애벌레들은 여전히 그릇 바닥에 웅크려 잠을 자고 있었습니다. 여전히 나무뿌리의 물은 먹지 않은 채로 말입니다.

어느덧 봄이 되었습니다. 나는 애벌레를 다시 살펴보았습니다. 그런데 이럴 수가, 애벌레들은 모두 죽어 있었습니다. 그릇이 너무 추웠던 것일까요? 아니면 내가 심어 놓은 보리의 수액이 입에 맞지 않았던 것일까요?

우리나라의 곤충학자

현재 우리나라에 산다고 알려진 곤충은 약 1만 2,000여 종에 이르고 있어요. 처음 우리나라의 곤충 조사와 연구는 1900년대 전후 외국인에 의해 시작되었으며, 1920년대에 들어 본격적으로 우리나라 곤충학자들이 활동하기 시작했어요. 대표적인 우리나라의 곤충학자로는 조복성과 석주명이 있어요. 조복성은 1905년에 태어난 동물학자이자 교육자로, 우리나라 최초로 곤충과 관련된 논문인 『울릉도산 인시목』을 펴냈어요. 또한 1908년에 태어난 박물학자이자 나비학자인 석주명은 100여 편의 나비와 관련된 논문을 펴냈어요. 이들은 우리나라 곤충 연구의 기반을 닦은 곤충학자예요.

"땅속 애벌레의 생활을 조사하는 건 정말이지 어려운 일이구나."

나는 안타까운 마음에 중얼거렸습니다.

그 무렵 이웃의 농부가 나를 찾아왔습니다.

"농사를 짓기 위해 밭을 갈아엎었더니, 수백 마리나 되는 애벌레가 나오더군요. 연구하는 데 쓰세요."

나는 농부가 모아 준 애벌레를 크기에 따라 세 종류로 나누어 보았습니다. 그리고 매미의 생애를 계산해 보았습니다. 전 애벌레의 기간까지 합친다면 매미의 애벌레가 땅속에 있는 시간은 무려 4년이나 되었습니다. 그렇게 땅 위로 나온 매미는 고작 5주일 정도 노래를 부르다 죽습니다.

그렇게 생각하면, 매미의 노랫소리는 결코 시끄러운 것이 아닙니다. 춥고 고달픈 땅속 생활을 4년이나 한 뒤 가까스로 손에 넣은 자유에 대한 환희와 기쁨을 노래한 것이기 때문입니다.

숲 속의 사냥꾼
사마귀

무시무시한 사마귀

사마귀의 고향은 더운 남쪽 지방입니다. 만약 사마귀가 매미처럼 시끄럽게 노래를 부를 줄 알았다면 사람들 사이에서 금세 유명해졌을 것입니다. 사실 사마귀는 생김새와 습성이 다른 곤충들과 사뭇 다른, 아주 재미있는 곤충이기 때문입니다.

내가 사는 프로방스 지방의 농부들은 사마귀를 '기도하는 벌레'라고 부릅니다. 사마귀의 녹색 날개는 수녀가 쓰는 베일과 비슷합니다. 낫처럼 생긴 앞다리는 하늘을 향해 공손히 모아져 있어서 정말 신에게 기도드리고 있는 것만 같습니다.

내가 관찰한 사마귀의 본래 이름은 황라사마귀입니다. 학

황라사마귀(항라사마귀)
몸길이가 5~6.5센티미터이며, 연한 녹색이나 연한 갈색을 띠는 사마귀과의 곤충.

자들은 이 사마귀에게 라틴어로 '만티스'라는 이름을 붙여 주었습니다. 만티스는 고대 그리스의 신전에서 신을 모시는 무녀를 뜻합니다. 밭에서 일하는 농부와 연구를 하는 학자가 붙인 이름의 뜻이 같다니 참으로 흥미로운 일입니다.

그러나 이런 이름과 달리 사마귀는 아주 잔인한 곤충입니다. 기도를 하는 듯한 앞다리는 사실 다른 곤충

유럽사마귀, 기도하는 사마귀로도 불리는 황라사마귀

들을 위협하는 무기입니다. 그뿐만이 아닙니다. 먹이는 무조건 산 채로 잡아먹는 아주 무시무시한 사냥꾼입니다. 사마귀를 이길 수 있는 곤충은 아주 드물 것입니다.

사실 앞다리를 빼고 보면 사마귀도 마냥 무섭지는 않습니다. 녹색 몸은 아주 늘씬하고, 얇은 날개는 비단처럼 아름답습니다. 가위처럼 벌어진 커다란 턱은 입안에 숨겨져 있기 때문에 겉으로 봐서는 전혀 무섭지 않습니다. 그래도 역시 사냥꾼은 사냥꾼인지라, 툭 튀어나온 양쪽 눈이 제법 매섭게 보이기는 합니다. 게다가 목을 180도나 돌릴 수 있어서, 몸

> ### 사마귀란?
>
> 사마귀는 곤충강 사마귀목 사마귀과에 속하는 곤충을 일컫는 말이에요. 사마귀의 몸길이는 60~85밀리미터로 대체적으로 큰 편이며, 몸 색깔은 녹색, 진한 갈색, 연한 갈색 등으로 보호색이 발달하여 주변 환경에 따라 몸 색깔을 변화시켜요. 사마귀는 육식성 곤충으로 앞다리는 먹잇감을 붙잡기에 알맞게 낫 모양으로 생겼으며, 가시가 많이 나 있어요. 또한 사마귀는 수컷보다 암컷의 몸집이 더 크며, 짝짓기를 마친 암컷 사마귀는 영양을 섭취하기 위해 수컷 사마귀를 잡아먹기도 해요. 반면, 피부 위에 낟알만 하게 돋은 군살을 사마귀라고 부르기도 하는데, 이 사마귀는 곤충 사마귀 때문에 생기는 것은 아니라고 해요.

은 가만히 둔 채로 어느 방향이든 볼 수 있습니다.

이제 사마귀의 강력한 무기인 앞다리를 살펴보겠습니다. 앞다리는 네 개의 마디로 이루어져 있습니다. 이 중 몸 쪽에 가장 가까이 있는 첫째 마디를 기절이라고 합니다. 사마귀의 앞다리는 이 기절이 다른 곤충보다 훨씬 긴 편입니다. 그래서 멀리 있는 먹이도 앞다리로 쉽게 잡을 수 있습니다. 사마귀가 먹이를 제압하는 힘은 바로 이 기절에서 나온다고 해도 과언이 아닙니다. 그리고 기절 안쪽에는 검은 점(흑점)이 있는 눈 모양의 무늬가 있습니다. 주위에는 작은 진주같은 장식들이 빼곡하게 달려 있습니다.

앞다리의 기절과 이어진 둘째와 셋째 마디를 볼까요? 이곳에는 톱니처럼 가시가 삐죽삐죽 솟아 있습니다. 가시를 자세히 살펴보면, 긴 것과 작은 것이 번갈아 늘어서 있는 모습을 볼 수 있습니다. 사마귀가 양 앞다리로 먹이를 움켜쥐면, 이 가시가 서로 맞물려 강한 힘을 낼 수 있는 것입니다.

마지막 넷째 마디의 끄트머리에는 날카로운 가시가 붙어 있습니다. 이 가시는 먹이에

강력한 앞다리를 가진 사냥의 명수, 사마귀

구멍을 내거나 찢을 때도 아주 편리합니다. 그래봤자 곤충이라고 사마귀를 얕보다가는 큰 코 다칠 수 있습니다. 나만 해도 사마귀를 잡다가 여러 차례 혼쭐난 적이 있습니다. 낫처럼 날카로운 앞다리가 손에 콱 박혀서 떼어 내느라 아주 고역을 치러야만 했습니다. 만약 앞다리를 빼내지 않고 사마귀를 떼어 내려 한다면 어떻게 될까요? 가시가 박힌 채로 손을 흔드는 꼴이니 크게 상처를 입게 될 것입니다.

평소에 사마귀는 앞다리를 접어 가슴 부분에 모으고 있습니다. 마치 기도하고 있는 것처럼 말입니다. 농부들이 '기도하는 벌레'라 부른 것도 바로 이러한 모습을 두고 말한 것입니다. 어찌나 얌전해 보이는지 무시무시한 곤충이라고는 믿

기 어렵습니다.

　그때 곤충이 사마귀 앞을 지나가면 어떻게 될까요? 사마귀는 언제 그랬냐는 듯 바로 사냥할 자세를 취합니다. 기도하듯 곱게 접혀 있던 앞다리는 확 펼쳐져 일직선이 됩니다. 사마귀는 앞다리의 갈고리 같은 가시로 재빨리 먹이를 찌릅니다. 어느새 곤충은 양 앞다리 사이에 끼어 옴짝달싹하지 못하게 됩니다. 메뚜기나 여치처럼 힘센 녀석들도 이 앞다리 앞에서는 속수무책입니다.

　사마귀를 연구할 때는 의외로 바깥보다 집에서 기르는 것이 좋습니다. 사마귀는 먹이만 잘 주면 자신이 지금 어디에 있는지는 별로 신경 쓰지 않기 때문입니다.

　나는 사마귀를 기르기 위해 철망으로 된 넓은 새장을 10개 정도 구했습니다. 원래 그 새장은 음식물에 꼬이는 파리를 막는 용도였습니다. 나는 새장을 모래가 가득 담긴 화분 위에 놓았습니다. 그리고 화분에 풀을 심은 뒤, 알을 낳을 수 있도록 넓적한 돌도 넣어 주었습니다.

　나는 새장 안에 사마귀를 한 마리씩 넣기도 하고, 성별을 다르게 하여 여러 마리를 넣기도 했습니다. 또 암컷끼리 혹

은 수컷끼리도 넣어 보았습니다. 그리고 이 새장들을 햇볕이 아주 잘 드는 연구실 책상에 올려놓았습니다.

사마귀의 몸집은 암컷이 수컷보다 더 큽니다. 암컷이 어찌나 먹이를 많이 먹는지, 먹이를 주는 일도 보통이 아니었습니다. 거의 날마다 먹이를 넣어 주어야 했는데 사마귀는 오로지 살아 있는 것만 먹기 때문에 나 혼자서는 아무래도 무리였습니다.

살아 있는 것만 먹는 사마귀

나는 동네 아이들에게 잼이 든 빵과 과일을 나눠 주면서 메뚜기나 여치 같은 곤충을 잡아 오게 했습니다. 물론 나도 곤충망을 들고 정원을 돌아다니며 먹이를 찾았습니다. 이렇게 해서 꽤 여러 종류의 곤충을 모을 수 있었습니다.

싸움 대장 사마귀

나는 사마귀가 얼마나 배짱이 좋고 힘이 센지 알아보고 싶었습니다. 그래서 모아 놓은 다양한 벌레를 이용하여 실험 한 가지를 해 보았습니다. 보통 사마귀는 나비, 잠자리 같이 크기가 그렇게 크지 않은 곤충을 즐겨 먹습니다. 나는 일부러 풀무치 같이 몸집이 큰 벌레를 새장에 집어넣어 보았습니다. 그러나 사마귀는 눈앞에 어떤 상대가 나타나든 전혀 겁먹지 않았습니다. 조금도 주저하지 않고 거침없이 공격을 퍼부었습니다.

아마 사마귀에게는 이런 공격성이 몸에 배어 있는 것 같습니다. 만약 이곳이 자연이었다면, 지금쯤 사마귀는 수풀 속에서 먹이가 지나가기를 숨 죽여 기다리고 있지 않을까

요? 그리고 곤충이 지나가는 즉시 재빨리 잡아먹어 치울 것입니다.

새장에 들어온 커다란 풀무치를 본 사마귀는 본격적인 싸움 준비 태세에 들어갔습니다. 날개는 활짝 펴서 몸을 커 보이게 하고, 앞다리를 바싹 치켜든 채 풀무치를 무섭게 노려보았습니다. 눈으로는 뚫어지게 상대를 보면서, 목을 180도로 움직이는 것입니다. 뒷날개를 비벼서 독사 같은 소리를 내며 위협하기도 했습니다. 이런 사마귀의 모습은 꽤 무서워서 처음 보는 사람은 흠칫 놀랄 수도 있습니다. 나 역시 사마귀를 오래 관찰해 왔지만 이 모습에는 이따금씩 깜짝깜짝 놀랍니다.

당랑거철(螳螂拒轍)과 사마귀

'당랑거철'은 고사성어로, 자신의 힘은 생각하지 않고 강한 상대나 되지 않을 일에 덤벼드는 무모한 행동을 일컫는 말이에요. 당랑거철의 '당랑'은 바로 사마귀를 뜻하는 한자어예요. 중국 춘추 시대의 제나라 장공이 어느 날, 수레를 타고 사냥터로 가고 있었어요. 그런데 작은 곤충 한 마리가 앞발을 들고 싸울 듯이 수레에 덤벼드는 것이었어요. 장공이 곤충에 대해 마부에게 묻자, 그는 이 곤충이 사마귀라고 하며, 앞으로 나아갈 줄만 알고 물러설 줄은 몰라 어떤 적이든 쉽게 보는 버릇이 있다고 말했어요. 장공은 사마귀가 사람이었다면 천하를 호령할 용맹한 사나이가 될 것이라며 수레를 돌려 사마귀를 피해 갔다고 해요.

　사마귀의 위협은 성공을 거둔 모양입니다. 풀무치는 얼마든지 쉽게 도망칠 수 있었습니다. 마음을 단단히 먹고 한 번 높이 튀어 오르면 그만입니다. 그렇지만 풀무치는 사마귀의 기세에 겁을 잔뜩 집어 먹고 멍하니 서 있을 뿐이었습니다. 너무 무서운 나머지 제 몸도 제대로 가누지 못했습니다. 그러다 이내 사마귀를 향해 비틀거리며 걸어가기 시작했습니다.

　나는 뱀이 작은 새를 잡아먹는 것을 본 적이 있습니다. 뱀이 커다란 입을 벌리고 혀를 날름거리면 새는 마치 홀린 것처럼 그대로 잡아먹히고 맙니다. 두려움이 너무나도 심하여 몸이 말을 듣지 않게 된 것입니다.

　풀무치는 천천히 사마귀에게 다가갔습니다. 아마 이 풀무치도 뱀에게 위협당한 작은 새처럼 사마귀의 매서운 눈에 홀린 것만 같습니다. 그 순간, 여태 가만히 있던 사마귀가 움직이기 시작했습니다.

　어느덧 풀무치의 몸에는 사마귀의 앞다리가 단단히 박혀 있었습니다. 풀무치가 아무리 발버둥을 쳐도 소용없었습니다. 사마귀는 날개를 접은 뒤, 앞다리로 풀무치를 꽉 붙잡고는 우적우적 먹기 시작했습니다.

　이러니 풀무치보다 훨씬 온순한 방아깨비는 사마귀의 상

대가 될 리 없었습니다. 사마귀는 방아깨비를 제대로 위협하지도 않고 곧장 앞다리로 공격을 시도했습니다. 그리고 냉큼 방아깨비를 먹어 치웠습니다.

나는 이 지방에서 가장 무서운 곤충인 왕거미를 새장에 넣어 보았습니다. 왕거미는 무서운 독을 가지고 있지만, 사마귀는 그런 것쯤은 아무래도 상관없다는 듯 왕거미에게 냅다 달려들었습니다. 그리고 거미의 몸통을 껴안고 그대로 우적우적 먹어 버렸습니다. 이렇게 사마귀는 자기보다 훨씬 큰 곤충을 먹어도 몸에 무리가 가지 않습니다. 음식을 먹자마자 바로 소화시키는 능력이 있기 때문입니다.

사냥한 풀무치를 산 채로 먹고 있는 사마귀

보통 이렇게 큰 곤충을 잡아먹는 것은 암컷 사마귀입니다. 알을 낳기 위해서 그만큼 많이 먹어야 하기 때문입니다. 배가 고파진 암컷 사마귀는 커다란 풀무치를 날개까지 모두 먹어 치웁니다. 그에 비하면 수컷 사마귀는 아주 조금만 먹습니다.

먹이를 사냥하여 먹고 있는 사마귀

　나는 새장 속의 사마귀들에게 주로 메뚜기를 먹이로 줍니다. 사마귀는 풀무치와 방아깨비의 중간 정도 되는 몸집의 메뚜기 역시 아주 간단히 해치워 버립니다. 사마귀가 메뚜기를 먹는 모습 역시 꽤 흥미롭습니다.

　사마귀는 제일 먼저 메뚜기의 목을 누른 뒤, 몸 한가운데에 앞다리를 콱 찔러 넣습니다. 다른 쪽 앞다리로는 목덜미에 구멍을 냅니다. 그리고 뾰족한 입을 들이밀어 메뚜기의 목을 콱 물어 신경을 손상시킵니다. 곤충의 목은 대개 얇고 연약해서 이곳을 다치면 몸으로 뻗어 있는 신경이 망가져 버립니다. 목에 큰 상처를 입은 메뚜기는 더 이상 버둥거리지 않습니다.

　이제 안심입니다. 가시투성이인 메뚜기의 뒷다리에 차여 배에 상처가 날 염려도 없습니다. 남은 것은 맛있게 메뚜기 요리를 먹어 치우는 것뿐입니다. 사마귀는 자신이 좋아하는 부분을 하나씩 먹기 시작합니다. 특히 메뚜기의 통통한 넓적다리를 먹을 때는 아주 만족스러운 듯합니다. 어쩌면 사마귀에게 있어서 메뚜기의 넓적다리는 최고급 스테이크 같은 것이 아닐까요?

친구를 잡아먹는 사마귀

지금까지 사마귀가 얼마나 무시무시한 곤충인지 알아보았습니다. 어쩌면 사마귀에게는 '기도하는 벌레'보다 '싸움 전문가'라는 별명이 더 어울릴지도 모르겠습니다.

어느 날, 나는 사마귀가 있는 새장 몇 개를 없애기로 했습니다. 집이 없어진 사마귀들은 원래 있던 새장 안에 나누어 넣었습니다. 그러다 보니 한 개의 새장 안에 4~5마리의 암컷이 있게 되었습니다. 많게는 12마리까지 사마귀가 들어 있는 새장도 있었습니다. 그런데 새장 안은 꽤 넓어서 사마귀들은 그리 불편함을 느끼지 않는 것 같았습니다.

사마귀의 암컷은 배 속의 알 때문에 몸이 무거워서 잘 움직이지 않았습니다. 먹이가 올 때까지 천장 그물에 매달려 가만히 기다릴 뿐이었습니다. 그렇다고 안심할 수는 없었습니다. 구유에 여물이 없어지면 온순한 당나귀들도 서로 싸웁니다. 하물며 사납기로 유명한 사마귀라면 아주 심한 싸움을 벌일지도 모릅니다. 나는 그런 일이 일어나지 않도록 새장에 꼬박 꼬박 메뚜기를 넣어 주었습니다.

사마귀는 녹색의 풀잎이나 나뭇잎을 이용해 천적의 눈을 피한다.

처음에 사마귀들은 서로 그럭저럭 잘 지냈습니다. 사마귀는 내가 넣어 주는 메뚜기를 군말 없이 먹었습니다. 그러나 짝짓기 철이 다가오고, 암컷 사마귀들이 알을 배기 시작하면서 상황은 달라졌습니다. 암컷 사마귀들은 아주 난폭해져서 자기들끼리 싸우기 시작했습니다. 앞다리를 하늘로 처들고 날개를 비벼 상대를 위협하는 사마귀들의 모습은 풀무치와 싸울 때보다도 더 무시무시했습니다.

이런 분위기에 불이 붙어서, 암컷 사마귀 두 마리가 서로 치고받고 싸우기 시작했습니다. 암컷 사마귀는 앞다리를 뻗어 상대를 세게 할퀴고 상대가 때릴세라 재빨리 다리를 오므려 방어 자세를 취했습니다. 얻어맞은 상대 암컷 사마귀도 가만히 있지 않았습니다. 자신이 당한 것처럼 똑같이 앞다리를 휘둘러 상대 암컷 사마귀를 한 방 먹여 주었습니다.

그렇게 서로 한 대씩 주고받은 암컷 사마귀들 중 한 마리의 불룩한 배에서 피가 흘러나오기 시작했습니다. 피를 흘린 암컷 사마귀는 곧추세웠던 날개를 내리고 풀이 죽은 채 물러났습니다. 패배를 인정한 것입니다.

싸움이 항상 이렇게 끝나지는 않았습니다. 나는 이긴 암컷 사마귀가 진 쪽을 와작와작 씹어 먹는 모습도 보았습니다. 같은 동족끼리 서로 잡아먹는 것입니다. 바로 옆에 내가 넣어 준 메뚜기가 잔뜩 쌓여 있는데도 말입니다. 정말이지 잔인한 곤충이 아닐 수 없습니다.

8월 말이 되자 사마귀의 짝짓기 철이 되었습니다. 암컷 사마귀와 수컷 사마귀가 결혼식을 올릴 때가 된 것입니다. 한 날씬한 수컷 사마귀는 암컷 사마귀를 사랑하게 되었습니다. 수컷은 암컷 곁으로 슬쩍 다가가서, 암컷을 향하여 가슴을 젖혔습니다. 그러나 암컷은 아무런 관심도 보이지 않았습니다. 그래도 암컷 사마귀가 화내지 않는 것을 보니, 두 사마귀는 곧 짝짓기를 하게 될 것입니다.

 몇 시간이 지나자 두 사마귀가 짝짓기에 성공했습니다. 결혼식이 끝나자 암컷 사마귀는 바로 수컷을 잡아먹어 버렸습니다. 어떤 암컷 사마귀는 짝짓기를 하는 도중에 수컷 사마귀를 먹어 버리기도 했습니다.

 암컷 사마귀가 수컷 사마귀를 먹는 데에는 그럴 만한 이유가 있습니다. 암컷 사마귀는 알을 낳기 위해서 먹이를 많이 먹고 힘을 길러야 하기 때문입니다. 사실 암컷 사마귀가 잡아먹지 않아도 어차피 수컷 사마귀는 얼마 못 가 죽고 맙니다. 그럴 바에는 차라리 암컷 사마귀가 수컷 사마귀를 먹어서 자식들이 건강하게 태어날 수 있도록 하는 것입니다.

짝짓기를 하는 중에도 먹이를 먹는 암컷 사마귀

사마귀의 알

　사마귀는 해가 잘 드는 곳이면 어디에든 알집을 짓습니다. 돌이나 포도나무의 그루터기, 마른 잎사귀, 심지어는 낡은 구두 위도 상관없습니다. 알집 바닥이 단단하게 붙어 있으면 됩니다.

　사마귀 알집은 아주 이상하게 생겼습니다. 길이는 4센티미터, 폭은 2센티미터 정도이고, 밀알처럼 밝은 색을 띠고 있습니다. 나뭇가지에 붙어 있는 알집은 밑바닥이 잔가지들을 둘러싸고 있는 모양새입니다. 반면 바위처럼 넓적한 곳에 붙은 알집은 기다란 타원형 모양으로 밑바닥이 아주 넓적합니다.

　어디에 붙어 있든 사마귀 알집에는 공통점이 하나 있습니다. 알집 가운데 윗부분이 살짝 높다는 것입니다. 여기에는 틈이 있는데, 바로 알에서 깨어난 사마귀 애벌레가 바깥으로 나오는 곳입니다. 이처럼 출구가 미리 준비되어 있기 때문에 사마귀 애벌레는 쉽게 밖으로 나올 수 있습니다.

 알집을 가로로 잘라 보면 알집 안이 가늘고 긴 핵 같은 모양으로 되어 있는 것을 볼 수 있습니다. 이 핵은 아주 단단하고, 주위는 구멍이 많은 경석과 같은 모양을 하고 있습니다. 사마귀는 이 핵 한가운데에 알을 낳습니다. 이곳에는 출구로 향하는 조그마한 길이 나 있습니다.

 나는 사마귀가 알집을 어떻게 만드는지 조사해 보고 싶었습니다. 그러나 사마귀는 보통 알을 한밤중에 낳는지라 좀처럼 관찰할 수 없었습니다. 그러던 9월의 어느 오후, 마침내 기회가 찾아왔습니다. 내가 기르던 암컷 사마귀 중 한 마리가 알을 낳은 것입니다. 이 녀석은 8월 말에 결혼했는데, 9월 초가 되자 산란을 시작했습니다.

 암컷 사마귀는 새장 천장에 거꾸로 달라붙어 알을 낳고 있었습니다. 알을 낳는 데 열중하느라 확대경으로 들여다보아도, 핀셋으로 날개를 들어 올려도 암컷 사마귀는 전혀 신경 쓰지 않았습니다.

경석
질은 검은색을 띠는 돌. 쇠로 만든 연장으로 치면 맑은 소리가 난다.

산란
알을 낳다.

암컷은 끈적끈적한 거품을 내뿜으며 그 안에 알을 낳고 있었습니다. 나는 거품이 나오는 곳에 지푸라기 하나를 가져가 보았습니다. 그러자 거품은 실처럼 늘어졌으나 조금 지나자 단단하게 굳어 버렸습니다. 고작 2분 사이에 오래된 알집처럼 말라 버린 것입니다.

새장의 철망에는 다른 암컷들이 낳은 알집이 여럿 있습니다. 일찌감치 나는 사마귀가 사용할 수 있도록 자갈이나 나뭇가지 같은 것들을 마련해 주었습니다. 이것들은 모두 자연에 사는 암컷 사마귀가 알집을 만들 때 쓰는 재료였습니다. 그런데 사마귀들은 자갈이나 나뭇가지는 쓰지 않고 철망에 알집을 만들었습니다. 거품이 철망 사이로 깊이 스며들어 단단히 굳기 때문이었습니다.

암컷 사마귀의 배 끝은 두 개의 숟가락이 마주보고 있는 듯한 모양입니다. 그 배 끝이 합쳐졌다 떨어졌다 하면서 끈적끈적한 액을 휘저어 거품을 만들어 냈습니다. 갈고리처럼 구부러진 산란관도 오르락내리락하며 움직였습니다. 그러나 불투명한 거품 속에 잠겨 있어 제대로 볼 수 없었습니다.

그 순간 아주 잠깐, 거품 속에 무언가를 밀어 넣는 것이 보였습니다. 배 끝이 움직이더니 갑자기 푹 꺼진 것입니다. 아

거품 덩어리 속에 알을 낳고 있는 사마귀

무래도 거품 속에 알을 낳은 것이 분명했습니다. 그 속도가 어찌나 빠르던지 제대로 관찰할 수 없었습니다. 그저 '알을 낳았겠구나' 하고 추측할 뿐이었습니다.

암컷 사마귀가 알집을 하나 만들고 그 안에 알을 낳는 데까지 걸리는 시간은 약 두 시간 정도입니다. 그러나 일단 알을 낳으면 그것으로 끝입니다. 암컷 사마귀가 알을 다정하게 보살펴 주거나 하는 경우는 없습니다.

내가 기르는 암컷 사마귀는 세 번까지 알을 낳았습니다. 그중 가장 나중에 만든 알집은 처음에 만들었던 알집 두 개보다 훨씬 작았고, 알이 200개 정도 들어 있었습니다. 보통 사마귀는 알집 하나에 400개의 알을 낳습니다. 그러니 이 사

알집 속에서 추운 겨울을 보내는 사마귀의 알

마귀는 무려 1,000개나 되는 알을 낳은 것입니다.

이제 사마귀의 알집을 자세히 살펴볼까요? 이 알집은 물리학적으로 열이 빠져나가지 않도록 아주 과학적인 모양을 하고 있습니다. 사마귀는 어떻게 하면 열을 보존할 수 있는지 사람보다도 먼저 알고 있었던 것입니다. 란포드라는 유명한 물리학자는 공기에 대해 다음과 같은 실험을 하였습니다.

먼저, 달걀을 휘저어 거품 덩어리를 만든 뒤 그 안에 차가운 치즈를 넣습니다. 그리고 오븐에 넣고 구우면, 잠시 후 잘 부푼 오믈렛이 만들어집니다. 그런데 속에 넣은 치즈는 여전히 차가운 상태 그대로입니다. 왜 치즈가 녹지 않은 것일까요? 그것은 바로 치즈가 달걀 거품 속의 공기에 감싸졌기 때문입니다.

이 실험을 통해 란포드는 공기가 부도체라는 사실을 밝혀냈습니다. 부도체란 열을 잘 전달하지 못한다는 뜻입니다.

부도체
열이나 전기를 잘 전달하지 못하는 물질. 유리, 고무, 솜 등이 있다.

그래서 오븐의 열이 치즈를 녹일 수 없었던 것입니다.

사마귀의 알도 마찬가지입니다. 사마귀의 거품은 마치 달걀 거품처럼 알을 감싸 주어 매서운 겨울 추위로부터 보호해 줍니다. 바깥의 찬 공기는 거품 벽에 가로막혀 알까지 미치지 못합니다.

사마귀는 란포드처럼 과학을 배우거나 실험을 한 적도 없습니다. 그런데 어떻게 물리학자보다도 먼저 열에 관한 것을 알고 있었던 것일까요? 거품으로 알을 감쌀 생각은 또 어떻게 하게 되었을까요? 자연의 위대함을 엿볼 수 있는 대목이 아닐 수 없습니다.

사마귀의 알집은 돌이나 풀숲처럼 눈에 잘 띄는 곳에 있습니다. 우리 고장의 농부들은 사마귀의 알집을 '데이뇨'라고 부르면서, 동상을 치료하는 약이라 믿었습니다. 약국에서도 데이뇨를 동상에 아주 잘 드는 약이라며 팔았습니다.

사용법은 간단합니다. 동상에 걸린 사람들은 데이뇨를 반으로 가른 뒤 꾹 짜서 그 즙을 동상 걸린 부위에 문질러 바릅니다. 이것의 정체가 무엇인지 전혀 모르는 채로 말입니다. 아무래도 사마귀가 늦은 밤에 알을 낳기 때문에 사람들은

동상
추위 때문에 살갗이 얼어 피부 조직이 상하는 것.

데이뇨가 사마귀의 알이라는 사실은 모르는 것 같습니다.

1895년 겨울은 몹시 추웠습니다. 우리 집 식구들도 모두 동상에 걸리고 말았습니다. 문득 데이뇨 생각이 나서 구하여 발라 보았지만 아무런 효과가 없었습니다.

그런데 내가 사는 프로방스에서는 동상도 '데이뇨'라고 부릅니다. 사마귀의 알집도 데이뇨라고 하니, 이름이 같은 셈입니다. 어쩌면 같은 이름으로 불리기 때문에 사람들이 사마귀 알집을 동상에 좋은 약이라고 믿게 되었는지도 모르겠습니다.

이뿐만이 아닙니다. 사람들은 데이뇨가 치통을 가라앉혀 준다고도 믿었습니다. 그래서 이가 아픈 사람은 데이뇨를 몸에 지니고 다녔습니다. 데이뇨가 없으면 이웃에게 잠시 빌릴 정도로 그 효력을 믿고 있었습니다. 아주머니들은 풀숲을 다니며 데이뇨를 채집한 뒤 소중히 간직해 두었습니다. 물론 치통에는 전혀 효과가 없지만 말입니다.

이듬해 7월, 황라사마귀의 애벌레가 알집에서 꾸물거리며 기어 나왔습니다. 알집에 뚫려 있던 그 자그마한 틈새로 나온 것입니다. 제일 먼저 투명하고 뾰족한 머리가 나타나더니, 곧 검은 눈이 보였습니다. 사마귀 애벌레의 몸은 불그스름한 노란색을 띠고 있었는데, 다리가 딱 붙어 있었습니다. 얼핏 보면 지느러미가 없는 작은 물고기 같았습니다. 알에서 막 깨어난 매미 애벌레도 꼭 이런 생김새였습니다.

일단 사마귀 애벌레 한 마리가 나오자 뒤이어 다른 애벌레들이 우르르 쏟아져 나왔습니다. 알에서 나온 애벌레들은 몸을 비틀면서 허물을 벗기 시작했습니다. 사마귀 애벌레는 몸을 구부려 가슴께의 얇은 막을 힘껏 눌러 찢었습니다. 그리고 몸을 오그렸다 폈다 하면서 다리와 두 개의 가느다란 더듬이를 꺼냈습니다.

알집에서 나오는 사마귀 애벌레

이제 허물은 다 벗었습니다. 너덜거리는 끈만이 사마귀 애벌레와 알집을 이어 주고 있을 뿐이었습니다. 사마귀 애벌레는 몸을 흔들어 끈을 끊고 알주머니에서 완전히 떨어져 나왔습니다. 이때 사마귀 애벌레는 이미 어른벌레의 모습을 하고 있었습니다.

사마귀 알집 안의 알들은 조금씩 시간을 두고 깨어납니다. 나는 이틀 뒤에 다시 알집을 관찰해 보았습니다. 역시나 알집에서 사마귀 애벌레가 떼 지어 우르르 나왔습니다. 이렇게 며칠이 지나자 드디어 알집이 텅 비었습니다.

이때 먼저 깨어난 사마귀 애벌레들은, 암컷 사마귀가 제일 나중에 낳은 것입니다. 마지막에 낳은 사마귀 알들은 길쭉한 알집의 끝부분에 위치하게 됩니다. 아무래도 끄트머리에 있다 보니 해가 더 잘 들어서 가장 먼저 깨어나는 게 아닐까 싶습니다.

사마귀 애벌레들은 아주 연약해서 자칫하다가는 다른 곤충의 먹이가 되고 맙니다. 특히 개미는 사마귀 애벌레들에게 무시무시한 적과도 같습니다. 개미는 아예 알집 근처에 숨어 있다가 애벌레가 나오는 족족 물어 가기도 했습니다. 거미와 도마뱀 역시 조심해야 할 상대입니다. 특히 도마뱀은 애벌레를 씹지도 않고 통째로 꿀꺽 삼켜 버렸습니다.

"이런, 저리 가지 못해!"

나는 사마귀 애벌레가 가여워 도마뱀을 쫓아냈습니다. 그러나 잠시 후에 도마뱀은 다시 나타나 호시탐탐 사마귀 애벌레를 노리는 것이었습니다. 여치 또한 사마귀 애벌레를 노리는 곤충들 중 하나였습니다. 육식성 곤충인 여치에게 사마귀 애벌레는 아주 맛있는 먹이이기 때문입니다.

그런가 하면 아예 사마귀 알집 속의 알을 노리는 곤충들도 많습니다. 기생벌 같은 경우가 그렇습니다. 사마귀의 알집을 발견한 기생벌은 재빨리 거기에 알을 낳습니다. 기생벌의 애벌레는 사마귀 애벌레보다 먼저 깨어납니다. 그리고 사마귀의 알을 먹어 치우는 것입니다. 나는 기생벌 때문에 허탕을 친 적이 여러 번 있습니다. 사마귀 알집인 줄 알고 잘라 보니 기대하던 사마귀 알은 없고 생뚱맞은 벌레가 자라고 있었던 것입니다.

새끼 사마귀

사마귀는 이 모든 위험을 넘기고 어른이 되면, 그때부터는 세상에 무서울 것이 없습니다. 어느덧 앞다리는 날카로워져서 사마귀의 훌륭한 무기가 됩니다. 메뚜기와 커다란 풀무치는 물론이고, 독거미까지 잡아먹는 사냥꾼이 되는 것입니다.

백만 엄마들의 가슴을 뛰게 만든 바로 그 책,
<공부가 되는> 시리즈

- 재미와 호기심을 충족시키며 교과 연계 학습까지 되는 **기초 교양 학습서**
- 연이은 백만 엄마들의 뜨거운 호평, **출간 즉시 베스트셀러 도서**
- 통섭과 융합형 교과서로 **하버드 대학 교수가 추천한 도서**

1. 공부가 되는 세계 명화
2. 공부가 되는 한국 명화
3. 공부가 되는 식물도감
4. 공부가 되는 공룡 백과
5. 공부가 되는 유럽 이야기
6. 공부가 되는 그리스로마 신화
7. 공부가 되는 별자리 이야기
8. 공부가 되는 삼국지
9. 공부가 되는 탈무드 이야기
10, 11. 공부가 되는 조선왕조실록〈전2권〉
12. 공부가 되는 저절로 영단어
13. 공부가 되는 저절로 고사성어

14, 15. 공부가 되는 한국대표고전〈전2권〉
16, 17. 공부가 되는 셰익스피어 4대 비극·5대 희극〈전2권〉
18. 공부가 되는 논어 이야기
19. 공부가 되는 우리문화유산
20, 21. 공부가 되는 경제 이야기〈전2권〉
22, 23, 24. 공부가 되는 한국대표단편〈전3권〉
25. 공부가 되는 로빈슨 과학 탈출기
26. 공부가 되는 일등 멘토의 명연설
27, 28, 29. 공부가 되는 과학백과 우주, 지구, 인체〈전3권〉
30. 공부가 되는 가치 사전
31. 공부가 되는 안네의 일기
32. 공부가 되는 톨스토이 단편선

33. 공부가 되는 긍정 명언
34. 공부가 되는 이솝 우화
35. 공부가 되는 창의력 백과
36. 공부가 되는 재미있는 어휘사전
37. 공부가 되는 삼국유사
38. 공부가 되는 삼국사기
39. 공부가 되는 재미있는 한국사1
40. 공부가 되는 아메리카 이야기
41. 공부가 되는 세계 지리 지도
42. 공부가 되는 재미있는 한국사 2

〈공부가 되는〉 시리즈는 계속 출간됩니다.

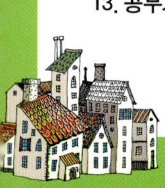

<십대들을 위한 인성교과서 시리즈>

십대가 시작되는 시기부터
늘 머리맡에 두고 반복해서 읽어야 할 책

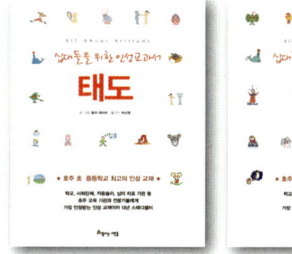   

태도
줄리 데이비 글, 그림 | 박선영 옮김
14,000원

목표
줄리 데이비 글, 그림 | 박선영 옮김
14,000원

선택
줄리 데이비 글, 그림 | 장선하 옮김
14,000원

진정한 부
줄리 데이비 글, 그림 | 장선하 옮김
14,000원

<초록별 시리즈>

꿈이 되는 이야기, 마음을 키우는 책 읽기

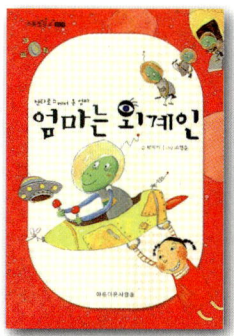  

엄마는 외계인
박지기 글 | 조형윤 그림 | 8,500원

아빠가 보고 싶은 아이
나가사키 나쓰미 글 | 오쿠하라 유메 그림
김정화 옮김 | 11,000원

친구 만들기
줄리아 자만 글 | 케이트 팽크허스트 그림
조영미 옮김 | 11,000원